KB070340

여섯 밤의 애도

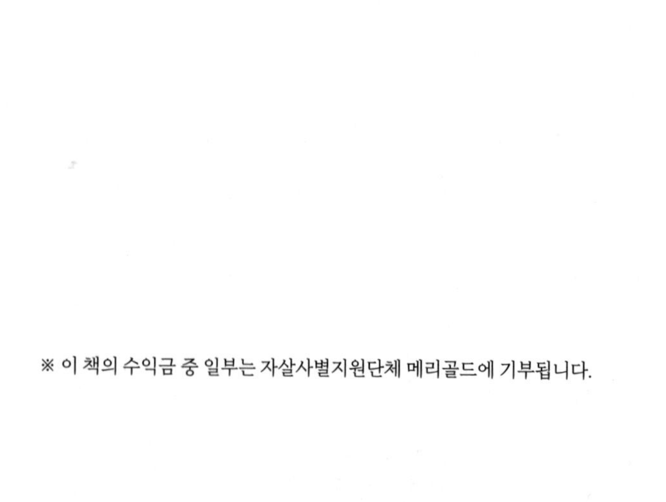

※ 이 책의 수익금 중 일부는 자살사별지원단체 메리골드에 기부됩니다.

여섯 밤의 애도

고인을 온전히 품고 내 삶으로 돌아가기 위한
자살 사별자들의 여섯 번의 애도 모임

우리는 함께 이야기합니다.

공간이 따뜻해질 때까지

임상심리학박사 고선규 지음

한겨레출판

차례

4장 남은 삶에 대해 엄두를 내는 용기

네 번째 애도의 밤

5장 고인의 행복, 고뇌, 열정까지 온전히 기억하기

다섯 번째 애도의 밤

프롤로그

계속 우리의 이야기를 만들어가기 위해

일부러 찾지 않아도 우리는 거의 매일 '극단적 선택', '숨진 채 발견'이라는 말이 들어간 기사를 보거나 듣게 된다. 그리고 항상 기사 끝에 [우울감 등 말하기 어려운 고민이 있거나 주변에 이런 어려움을 겪는 가족·지인이 있으면 자살 예방 핫라인 ☎1577-0199, 희망의 전화 ☎129, 생명의 전화 ☎1588-9191, 청소년 전화 ☎1388 등에서 24시간 전문가 상담을 받을 수 있습니다]라는 문구가 세트처럼 달린 것을 보게 된다. 기사의 댓글에는 고인의 명복을 빈다는 말과 고인의 죽음에 기여했을 것으로 추정되는 인물과 상황에 대한 분노, 원망 어린 말, 그리고 자신도 힘들다는 호소가 달리며, 언제나 그렇듯 기사의 내용과 무관한 정치적 선동의 글도 이어진다.

학교나 직장에서는 생명존중, 생명사랑의 이름이 붙은 자살예방교육을 실시한다. 대부분의 교육은 OECD 국가 중 우리나라의 자살률 순위, 인구 10만 명당 자살률, 하루에 목숨을 끊는 사람들의 통계 수치들이 나열된 슬라이드 두어 장으로 시작한다. 3년 동안 중앙심리부검센터에서 근무할 때 만났던 자살예방정책 담당자인 보건복지부의 4급 과장급 공무원 네 명도, 이러한 홍보 자료를 활용했었다. 어떤 과장은 우리나라 자살 사망자 숫자를 미국이 참전했던 전쟁에서의 사망률과 비교했고, 어떤 과장은 1년 동안의 자살 사망률과 비슷한 작은 도시를 들먹이며 매년 지도에서 도시 하나가 없어지는 꼴이라고 비교하기도 했다. 강의를 듣고 있는 이 순간에도 누군가 스스로 목숨을 끊고 있다고 말한 과장도 있었다. 이분들의 목적은 모두 같다. 좀 더 '센' 비교를 통해 강한 충격파를 던져, 우리나라의 자살률이 정말 심각하다는 것을 알리기 위함일 것이다. 매년 자살률 통계치가 발표될 때면 기사와 칼럼 기고문이 이어진다. 마무리는 늘 같다. "'특단의 조치' 필요." 하지만 우리나라의 자살률은 좀처럼 떨어지지 않고 있으며, 이 수치가 우리 사회의 현실을 드러내는 고정 통계치가 된 지 오래다. 숫자로 제시하는 죽음은, 그 죽음에 다다르기까지 겪었던 한 개인의 고통에 대해서는 아무것도 말해주지 못하므로 사람들은 무감하다.

최초의 시체 해부학 교실 입구에 써 있다는 라틴어 "hic locus est ubi mors gaudet succurrere vitae"는 죽음이 생명을 살리는 곳, 살아 있는 자를 위해 망자의 도움을 구하는 곳을 뜻한다고 한다. 심리부검면담을 하면서 나는 자살자가 남긴 질문을 들었다. 나는 그 질문이, 자살 사망자들이 또 다른 자살을 막기 위해, 살아 있는 사람들의 삶을 이어지게 하기 위해, 우리에게 답을 찾아 해결하라고 던진 것이라 생각한다. 그들의 이야기를 전해줄 사람은 자살 사별자이며, 이들이 온전하게 고인을 애도할 수 있을 때 그 답을 함께 찾아갈 수 있을 것이다. 그러나 우리는 자살 사망자 뒤에 수많은 자살 사별자들이 있다는 사실을 알려고 하지 않는다. 자살 예방은 자살 이후의 남겨진 자리를 살피는 것으로부터 시작해야 한다.

오래전 남편의 자살 사망을 짧은 인터넷 기사로 먼저 확인했던 아내를 만난 적이 있다. 남편이 숨진 채 발견된 지역과 사망 방식, 나이와 성별, 발견한 사람이 내용의 전부였던 짧은 기사였다. 사망 소식을 듣고 서둘러 현장으로 달려가는 와중에 혹시나 하는 마음에 기사를 검색했던 이유는 아이들 때문이었다. 그저 평범한 남편이었는데 스스로 목숨을 끊었다는 사실 때문에 유명인이라도 된 듯 기사가 날 수 있다는 사실을 믿을 수 없었다. 물론 당시에도 자살보도 권고기준은 있었지만 제대로 준수되지 않던 시절이었다. 때문에 꽤 많은 자살 사망이 구체적인 방법과 함께 명시되어 자주 기사화됐다.

지금 우리에게 알려지는 극단적 선택들은 예전보다 더 극적인 극단적 선택들이다. 비리나 범죄에 연루된 자살이거나 자살 사망자가 처했던 현실이 기막히게 안타깝거나 분노를 유발할 만한 경우, 그리고 공인이나 연예인 등 유명인의 죽음 같은 경우에 기사화된다. 그러나 과거에도, 지금도 여전히 내가 경험하는 대부분의 자살 사망은 지극히 평범한 일상에서 일어난다. 고인을 떠나보낸 사별자들은 심리부검면담이나 애도 상담, 혹은 자조모임에 자발적으로 신청해 고인의 죽음에 대해 알고 싶어 하고, 이해하고 싶어 한다. 내가 만난 자살 사별자들은 어제와 다르지 않은 오늘, 누군가를 자살로 잃었다. '그 일'은 가스 불 위에 찌개를 올려놓은 상태에서, 가족여행을 계획해두었던 주말에, 평소와 다름없이 출근을 했던 어느 날에 갑작스럽게 일어났다. 내가 만난 많은 자살 사별자들은 자살을 한다는 것, 또는 자살로 누군가를 잃는다는 것을 자신의 인생에서 일어날 수 있는 삶의 사건이라고 생각해본 적이 단 한 번도 없는 경우가 많았다. 이들은 한결같이 다른 사람들이 겪은 자살 사망은 충분히 그럴 만한 이유가 있는 특수한 상황에서 발생한 것이라고 생각했었다. 뉴스나 기사에 보도되는 극적인 극단적 선택들처럼 심각한 정신질환이 있거나 엄청난 트라우마를 겪었거나 헤어 나올 수 없는 경제적인 곤궁 속에 있었거나 자살 사망자 주변에 고인을 죽음으로 몰고 간 어떤 악인이 있었거나 하는 상황들 말이다. 그래서 고인의 죽음에는 자신이 이해할 만한 '충분한 이유'가 없다고 생각했고, 그래서 고통스러워했다.

애도 상담을 하면서 2019년 7월, '20~30대 여성 자살 사별자 자조모임 메리골드'를 시작했다. 메리골드는 '꼭 오고야 말 행복'이라는 꽃말을 지닌 꽃 이름이자 애니메이션 영화 〈코코〉에서 이승과 저승을 잇는 다리에 뿌려진 꽃이기도 하다. 자조모임(self help group, mutual group)이란, 정신건강 전문가의 도움을 필요로 하지 않거나 전문가들이 돕기에는 한계가 있는 문제를 이미 겪었거나 극복한 사람이 집단을 이끌며, 참가자들이 자신의 경험과 필요한 정보를 나누고 서로를 지지, 격려하는 모임이다. 개인 애도 상담을 하다 보면 사별자들은 다른 사별자의 이야기를 궁금해한다. '다른 분들은 어떤가요? 다른 분들은 어떻게 했나요?' 때로는 전문가의 상담보다 애도 과정을 먼저 겪은 사람들의 회복과 희망의 이야기를 듣고 용기를 얻기도 한다. 나는 언젠가 이들이 얼굴을 마주하고 앉아, 아무에게도 말할 수 없었던 이야기를 나누며 서로를 위로하는 공간을 만들고 싶었다. 그리고 우리나라 현실에 가장 잘 맞는 자조모임의 모습은 어떤 것일까 고민하고 공부했다. 현재 정신건강복지센터 자조모임에 참여하는 평균 연령층은 대부분 중장년 이상으로, 청년 세대 자살 사별자들은 마땅히 갈 곳이 없다. 나는 이런 현실을 반영해 모임 연령을 청년 세대로 제한하고, 친족이 아니더라도 누군가를 자살로 잃어 힘들어하고 있다면 관계에 상관없이 모두 참여할 수 있도록 했다. 그렇게 학교 캠퍼스 한구석 허름한 방에서 조심스럽게 시작한 모임이 어느덧 2년을 넘기고 있다.

메리골드에서는 테이블 위에 여러 색깔의 팔찌를 늘 준비한다. 팔찌의 색깔로 '나는 누구누구를 자살로 잃었습니다'라고 알 수 있도록 했다. 노란색은 부모님, 주황색은 형제자매, 빨간색은 배우자 또는 파트너, 흰색은 자녀, 보라색은 친구 또는 지인으로 정했다. 모임에 오신 분들은 안내를 받고 자리에 앉자마자 자신에게 해당하는 색깔의 팔찌를 손목에 낀다. 어색하고 긴장되며 뭐라 말할 수 없는 복잡한 마음의 그 순간, 같은 색깔의 팔찌를 찬 다른 사람을 발견할 때 그들은 묘한 반가움의 눈빛을 주고받는다. '아! 주황색을 끼셨네요. 형제를 잃으셨군요. 저도 그래요.' 매달 셋째 주 수요일 저녁 7시, 우리는 그렇게 만났다. 문을 열고 들어오는 순간부터 눈물을 쏟는 분, 어색하고 불편하게 앉아서 내내 조용히 듣기만 하시던 분, 한 달에 한 번 꼬박 1년을 참석하신 분, 딱 한 번만 참석하고 다시는 오지 않았던 여러 분들이 있었다.

'살고 싶어서 왔어요.' '여기서 처음 얘기해요.' '여기밖에 얘기할 수 없어요.' '그런 얘기 처음 들어요.' '고맙습니다.' 모임이 끝나면 테이블 위에 늘 한가득 휴지가 쌓이고, 그냥 두고 가라고 해도 본인이 버리겠다며 꼭꼭 휴지를 접어 챙겨 가는 분들이 언제나 있다.

참가자들이 다 떠나고 자리를 정리할 때마다 결심했다. 더 많은 자살 사별자들을 연결해야 한다고 말이다. 한 달에 한 번, 시간을 내서 오기까지 사별자들에겐 꽤 많은 용기가 필요하다. 신청했다가 취소하고, 신청했다가 취소하기도 부지기수다. '죄송해요. 다음에 갈게요' 조심스럽게 말하는 분들도 많다. 혹시나 참여했다가 실망하면 어쩌나,

상처받으면 어쩌나 하는 걱정과 염려 때문에 선뜻 오기 힘든 사별자의 마음을 이해한다. 그래서 이 공간에서 오가는 말들을 더 많은 분들에게 알려드리고 싶었다. '자살 사별자들이 모여 이런 대화를 합니다.' '때로는 아프고, 때로는 슬프지만, 때로는 위로도 받아요'라고. 그리고 애도 상담이나 모임에 참여할 수 없는 분들이 이 책을 읽으며 자신의 애도 과정을 되짚고 생각해보길 바라는 마음으로, 자신의 이야기를 공개할 수 있는 자살 사별자분들과 '마인드 피크닉 자조모임'을 시작했다.

마음을 나누는
다섯 명의 참가자가 모이기까지

마인드 피크닉을 시작하기에 앞서, SNS를 통해 '가까운 사람을 자살로 잃은 20~30대 여성 자살 사별자'를 모집했다. 그리고 메리골드 자조모임에 오셨던 참가자들에게도 모임의 취지를 설명하고 참가 신청을 받았다. 신청자분들의 사별 기간은 20년에서부터 한 달까지 다양했다. 자살 사별이 아닌 경우, 고인의 죽음이 자살인지 확실하지 않은 경우를 제외하고, 총 일곱 분과 개별 면담을 진행했다. 면담에서는 우울, 수면, 음주 상태 등 기본적인 정신건강 상태에 대한 평가와 함께 자살 사별자 자조모임에 대한 기본적인 심리교육을 진행했다. 모임에 대해 신청자가 기대하는 바가 뭔지 들으면서, 마인드 피크닉은 전문가가 이끄는 상담 목적의 집단 프로그램이 아닌, 자살 사별 당사자 리더가 이끄는 자조모임임을 안내했다. 신청자 중에는 정신건강 전문가와 짧은 개인 상담 경험이 있는 분, 자조모임 참여 경험이 있는 분, 개인 상담과 자조모임 참여 경험 둘 다 있는 분, 이런 모임이 아예 처음인 분 등 다양했다.

개별 면담을 진행하며, 나는 죽음 사건 당일 전후의 며칠간 일어났던 일에 대해 조금 자세히 여쭈었다. 애도 과정에서 신청자 개인이 노력했던 것들, 노력했으나 어려웠던 점들에 대해서도 이야기 나눴다. 총 일곱 명의 개별 면담자 중, 두 분이 모임에 앞서 불참 의사를 밝혔는데 한 분은 사별 기간이 가장 오래된 분이었고, 다른 한 분은 사별 기간이 가장 짧은 분이었다. 20여 년 전 충분히 애도되지 못했던 형제의 자살 사별 경험이 최근 다른 상실 경험으로 재현되면서 힘들었다는 A씨는, 면담 후 미처 생각지 못했던 과거의 어떤 기억이 생생하게 떠올라 마음이 몹시 힘들다고 했다. 자조모임보다는 혼자만의 시간이 조금 더 필요한 것 같다고 전해왔다. B씨는 파트너를 자살로 잃은 지 한 달 정도밖에 되지 않아 누군가와 사별의 고통을 나눌 만한 감정조차 만들어지기 전인 것 같아 보였다. 면담 직후 자조모임 참여를 다시 생각해보시라 조언을 드렸는데 모임 시작 전 불참 의사를 밝히셨다. 우리의 모임은, 이렇게 총 다섯 명의 여성 자살 사별자분들로 꾸려지게 되었다.

다섯 명의 참가자에 대해 간단히 소개하고 싶다. 이 소개는 본격적인 모임 전 개인 면담 시점에서 나눈 이야기를 기초로 정리한 것이며 참가자의 이름은 모두 가명이다. 자살 사망에 대한 세부적인 정보 및 사건 전후 며칠 동안 참가자가 경험했던 일들은 생략했다.

리더 원이

우리의 모임을 이끌 리더 원이는 2018년 10월 19일 남동생을 잃었다. 사망 후 한 달이 지난 2018년 11월 애도 상담을 시작했다. 처음에 원이는 하루하루가 공포스럽다고 호소했다. 종잡을 수 없게 기분이 오르락내리락했는데, 조울증을 앓았던 동생처럼 자신도 조울증이 시작된 건 아닐까 두려워했다. 원이는 애도 상담 예약을 하면서 동시에 무당을 찾아갔었다. 무당은 너도 너의 동생과 비슷하다며 '3년간 죽지 않도록 애쓰라'고 했다. 그 시기에 원이는 무언가 하지 않으면 견딜 수 없는 시간을 보냈다. 매일 새벽 원이는 부모님과 미사에 참석했는데 특별한 신앙이 있어서라기보다는 매일 해야 하는 뭔가가 있지 않으면 엄마가 죽을지도 모른다고 생각했기 때문이었다.

첫 상담에서 원이는 '우리가 가족으로서 무엇을 실패했는지 확인하고 동생을 위해 함께 애도할 수 있는 가족 공동체'를 만들고 싶다고 말했다. 그리고 동생의 죽음에 대해 생각하고 또 생각했다. 상담에 오기 직전까지, 그리고 이후에도 한동안 원이는 동생이 썼던 일기를 매일 읽고 또 읽으며 동생의 죽음을 해석하려고 발버둥 쳤다. '제가 달라지면 죽은 동생에 대해 다른 해석을 할 수 있지 않을까요?' 2020년 6월, 애도 상담을 종결할 때까지 원이는 상담을 받으며 애도 일기를 썼다. 아버지를, 어머니를 원망하기도 했고 때로는 그들이 죽지 않도록 돌봐야 한다고 생각하기도 했다. 동생이 죽은 뒤 동굴처럼 변해버린 집이 숨이 막힌 적도 있었지만, 3년이 지난 지금 부모님도 원이도 변화하고 있는 중이다. 동생의 이름이 불리고 동생에 대한 부모님과 원이 나름의 기억을 이야기할 수 있다.

2019년 7월부터 자조모임 메리골드에 참석했고, 2020년 3월부터 리더로서 메리골드를 이끌고 있는 원이는 또래 자살 사별자에게 좋은 안내자이기도 하다. 때로 내가 미처 알아채지 못했던 참석자의 감정을 알아채기도 하고 다른 사별자의 이야기에서 비롯된 마음의 반향을 솔직히 말해줘서 자살 사별자의 마음을 더 깊이 이해할 수 있도록 도와준다.

민이

민이는 2019년 3월 5일 오빠를 잃었다. 민이는 오빠와 물리적으로도 심리적으로도 그렇게 가까운 사이는 아니었다. 회사 기숙사에 혼자 살고 있던 오빠는 엄마와 가끔 안부 전화를 하는 사이였을 뿐 여동생 민이와 이러쿵저러쿵 깊은 속 얘기를 하지는 않았다. 민이 역시 오빠에 대해서 그랬다. 성인이 되면서 본가에서 나와 독립했고 각자의 사생활이 생긴 만큼 오빠에 대해 깊게 알고 싶지도 않았고 알 필요도 없다고 생각했다. 명절이나 특별한 가족모임이 있을 때 가끔 만나 툭탁거리며 농담을 건네는 딱 그 정도의 흔한 남매였다. 그냥 그렇게 오빠는 잘 살고 있는 줄 알았다. 오빠의 사망 소식을 들었을 때 민이와 민이의 엄마는 산티아고 순례길 위에 있었다. 엄마를 위해 민이가 오랫동안 준비해왔던 효도 여행이었다. 산티아고 순례길, 한적한 마을의 숙소에서 오빠의 부고를 들었다. 엄마를 모시고 허겁지겁 한국으로 돌아와 공항에서 곧바로 오빠의 장례식장으로 갔다. 장례식은 이미 하루가 지나 있었다.

오빠의 죽음 이후 민이는 오빠의 죽음을 이해하기 위해 적극적으로 노력했다. 왜 그랬을까. 이유를 알기엔 오빠에 대해 알고 있는 사실이 너무 없었다. 민이는 오빠의 자살이 과중한 업무에 의한 '과로자살'이라고 생각한다. 사망 3개월 전부터 엄마와 통화를 할 때마다 '일 때문에 힘들다'는 호소를 했다고 들었고 민이가 아는 한 오빠는 우울증 이력도 자해도 자살 시도도 없었던 사람이었기 때문이다. 그래서 민이는 오빠의 자살을 과로자살이라고 정의했으며 오빠의 죽음이 과로로 인한 것이라면 회사의 책임을 묻기 위해 산재 신청을 해야 한다고 생각했다. 그러나 부모님께 말할 순 없었다. 하게 된다면 혼자 하리라 생각했다. 주변 사람들은 모두 민이를 말렸다. 그 과정이 힘들 거라고 했고 한다고 해도 결과는 좋지 않을 거라고 했다.

민이는 신문에 난 기사를 보고 '한국 과로사, 과로자살 유가족 모임'을 찾아갔다. 그곳에서 산재 신청에 관한 실질적인 정보를 많이 얻었지만 실행하지는 못했다. 엄마, 아빠 대신 자기 혼자 그 모든 걸 감당할 자신이 없었기 때문이다. 오빠와 특별히 각별한 사이도 아니었는데 오빠의 자살이 왜 이렇게 자신의 마음을 흔드는지 그게 더 당황스러울 때가 있었다. 그래서 심리부검면담도 해보고 개인 블로그에 오빠의 죽음에 관한 애도 일기도 써보았다. 지역 정신건강복지센터에 자조모임도 나가봤고 애도에 관한 책도 찾아봤다. 민이는 문제가 있으면 피하지 않고 돌파해서 해결하는 편이고, 뭐든 제대로 정석대로 하고 싶다. 애도에 대해서도 그랬다. 마인드 피크닉에 신청한 이유는 자신의 애도 과정이 제대로 가고 있는가를 알고 싶어서였다. 내가 하지 않은 것들이 있다면 겪어보고 싶은 마음이 있었다. 그리고 나는 강인하고 씩씩한 사람, 회복탄력성이 좋은 사람이란 걸 확인해보고 싶었다.

선이

선이는 2015년 9월 18일 여동생을 잃었다. 동생이 사망할 당시 선이는 동생과 함께 살지 않았다. 선이에게 동생은 입시 스트레스가 심한 예민한 삼수생이었다. 선이는 동생을 가끔 만나 맛있는 것을 사주며 격려해주곤 했었다. 동생의 사망 소식을 들었을 때 선이는 등산을 마치고 내려오는 길이었다. 무얼 먹을까 친구들과 재잘재잘 떠들며 즐거워하던 때, 집에서 걸려온 전화를 받았다. 동생을 보낸 후 1년은 잘 기억이 나지 않는다. 갑작스러운 죽음이었고 실감이 나지 않았다. 선이는 동생의 자살이 우울증 때문이라고 생각했다. 뒤늦게 본 동생의 SNS 계정에는 동생이 적어놓은 고통의 흔적들과 자해를 암시하는 글들이 있었다. 선이는 동생이 꽤 오랫동안 혼자 아파하고 힘들어했다는 걸 알고 정말 많이 미안했다. 동생을 죽음으로 몰고 간 우울증에 대해 알고 싶어서 우울증과 관련된 책과 자료를 찾고 또 찾고, 읽고 또 읽었다. 가족을 자살로 잃은 사람들은 이 시간을 어떻게 보내는지 궁금했고 관련 자료들을 찾아봤다. 서울시 자살예방센터 자조모임 '자작나무'에서 나온 수기집을 읽었고 한 권 더 사서 부모님께 드렸다. 선이는 부모님의 상태가 늘 걱정스러웠지만 차마 어떠신지 직접 물어볼 용기는 나지 않았다. 그렇게 선이는 우울증과 자살과 자살 유가족에 대한 책과 자료를 읽고 애도 과정을 기록하면서 지냈다.

동생을 잃고 4년 후, 수기집을 출간했던 '자작나무' 자조모임에 두세 번 참석했다. 하지만 자조모임의 전반적인 연령대가 높아서 자신 또래의 사별자들이 궁금했다. 좀 더 젊은 친구들이 오지 않을까 하는 마음으로 2018년 여름 고려대학교에서 하는 메리골드 자조모임에도 참석했는데, 석사과정 학생들이 있어서 부담스러웠다. 자신이 어떤 연구대상이 된 느낌, 사례가 된 느낌이 들어 저항감이 들었다. 실제 자조모임 참여 피드백에도 이런 내용을 쓰기도 했다. 자신이 좀 더 편하게 참여할 수 있는 자조모임은 없는 것 같았다. 그럴 바에 그냥 내가 모임을 만들어보자고도 마음을 먹었다. 이름에 자살 유가족 자조모임이라고 쓰기가 조심스러워 그냥 애도 모임이라고 이름을 붙여서 세 번 정도 만났다. 글쓰기를 하고 각자가 쓴 글을 공유하는 형식이었는데 타인의 아픔을 듣는다는 게 의외로 심리적 여파가 컸다. 그리고 어디서부터 어디까지를 모임에서 이야기해야 할지 가늠하기 어려웠다. 개인 심리상담도 여섯 번 정도 받았다. 선이는 마인드 피크닉 참여자 중 사별 기간이 가장 길지만 여전히 자기 안에 동생에 관해 해결되지 않은 뭔가가 있다고 생각한다. 선이가 하고 있는 일이 정신건강과 관련된 일이기도 해서 어쩔 수 없이 관련된 책도 읽고 공부할 기회도 많지만, 느낌이나 감정을 있는 그대로 말하는 것이 쉽지 않다.

영이

영이는 2019년 9월 24일 아버지를 잃었다. 영이가 아주 어렸을 때부터 영이의 엄마는 조울증 진단을 받고 정신과 병동 입퇴원을 반복하며 지냈다. 엄마의 기분에 따라 집안의 분위기가 확확 달라졌다. 엄마의 기분이 좋으면 다 같이 좋고, 엄마의 기분이 나쁘면 다 같이 나빴다. 그래서 영이는 감정 표현을 잘 하지 않는다. 조울증이 가족력이 있다고 하니 자칫 나도 엄마처럼 될까 봐 늘 평균 이하의 감정 수준을 유지하는 것 같다. 아빠는 평생 엄마의 간병을 했다. 때가 되면 입원을 시키고 때가 되면 퇴원을 시켰다.

그렇다고 지극정성으로 엄마를 돌본 것은 아니다. 윽박지르기도 했고 싸우기도 많이 싸웠지만 언제 그랬냐는 듯 좋을 때도 있었다. 영이 아버지는 사망 4년 전 뇌경색을 진단받고 거동이 불편해졌다. 육체노동 일에 종사했던 아버지는 건강이 나빠지자 일을 그만두셨다. 영이 아버지는 한동안 재활을 위해 열심히 운동을 했고 동네 사람들과도 잘 어울렸지만, 사망 몇 개월 전부터는 어두운 방 안에서 혼자 우두커니 있기만 했다. 영이는 그 모습이 참 보기 싫었다. 영이 아버지는 새벽 운동을 나갔다가도 금방 들어왔고 자기 좀 데리고 가라고 전화를 하기도 했다. 남들은 쉽게 저렇게 잘만 뛰어다니는데 땀을 뻘뻘 흘리며 한 바퀴 걷기도 힘든 자신을 괴로워하는 것처럼 보였다. 영이 아버지는 여기저기 몸이 아프다고 하는데 병원에 가면 별 이상이 없다고 했다. 그럴 때 영이는 '그렇다면 괜찮은 거 아니냐'고 했고, 영이 아버지는 이유 없이 계속 아픈 게 답답하다고 했다.

아버지가 돌아가시던 날 영이는 새벽 운동을 나가던 아빠를 보고 출근했고 그게 아빠의 마지막 모습이었다. 퇴근

하고 돌아와 보니 늘 집에 있던 아빠가 없었다. 그때 엄마는 입원 중이었다. 아빠는 동네 야산에서 발견되었다. 장례식장을 마련하고 엄마를 퇴원시켰다. 영이는 아빠의 죽음을 자살이라고 알리지 않았다. 엄마한테도 사인을 알리고 싶지 않았지만 우왕좌왕하는 사이 엄마와 가까운 친척 몇 명이 알게 되었다. 영이 친구들을 비롯해서 다른 사람들은 아빠가 모두 병으로 돌아가신 줄 알고 있다. 연세도 있고, 실제 몸도 아프셨기 때문에 딱히 뭘 더 묻거나 하는 사람은 없다. 아빠가 돌아가신 직후 회사에서 일하는 게 도움이 됐다. 아무 생각 없이 일만 할 수 있어서 좋았다. 아빠에 대해 좋게, 좋은 것만 기억하려고 했다. 영이는 지역 정신건강복지센터의 권유로 유족 치료비 지원사업 참여자로 선정되어 10회의 개인 애도 상담을 받았다. 누구와도 나눌 수 없는 얘기를 할 수 있어서 좋았다. 아빠에 대해서도 조금 정리가 된 듯한 느낌이 들었다. 상담을 받던 중 심리상담 비용이 더 이상 지원되지 않아 상담을 그만두었고, 이후 상담자의 권유로 메리골드 자조모임에도 서너 번 참석했다.

아빠의 장례식 때 퇴원했던 엄마는 한동안 괜찮았다가 다시 나빠졌다. 밤새 뭔가를 하면서 왔다 갔다 하는 바람에 영이도 잠을 설쳤고, 엄마가 새벽에 나갈 땐 낯선 사람으로부터 전화를 받기도 했다. 장례식을 마치고 다시 입원을 했어야 했는데 병원으로 돌아가고 싶지 않다는 엄마를 차마 보낼 수 없어 같이 지냈다. 엄마를 설득해 다시 입원시키면서, 아빠는 이걸 평생 했구나 하는 생각과 이제 내가 이걸 평생 해야 하는구나, 하는 생각에 마음이 갑갑하고 부담스러웠다. 영이는 아직 가까운 사람 누구와도 힘든 마음을 나눠본 적이 없다. 힘든 얘기를 꺼내는 순간 무거워지는 공기가 싫다. 아빠가 돌아가시고 나서 대인관계는 더 멀어졌다. 단톡방에서 오가는 친구들의 일상적인 대화에도 잘 끼지 않는다. 요즘 영이는 돌아가시기 직전 아빠에게 했던 자신의 행동이 자꾸 떠오른다. 신경질 내고 동생과 싸우고, 그런 일들이 모두 아빠에게 스트레스가 아니었을까 하는 생각이 들어 마음이 불편할 때가 있다. 가끔 엄마가 맥락 없이 늘어놓는 아빠에 대한 욕도 듣기 싫다. 엄마가 욕하는 아빠의 모습이 모두 자신과 비슷한 모습이기 때문이다.

같은 경험을 한 또래들이 모여 있는 여기라면 이런 말을 해도 괜찮지 않을까, 걱정하지 않고 얘기할 수 있지 않을까 싶어 신청하게 되었다. 처음 메리골드 자조모임에 왔을 때 영이의 목소리는 옆에 앉아 있는 사람도 겨우 들릴까 말까 할 정도로 작았다. 언제나 듣는 편이었고, 답을 하더라도 짧은 단답형으로 간결히 말했지만 꽤 꾸준히 참석했다. 영이는 자주 이렇게 말했던 것 같다. "저는 말할 곳이 여기밖에 없어요."

경이

경이는 2019년 6월 30일 언니를 잃었다. 경이 자매가 어렸을 때 부모님은 이혼하셨다. 자매는 엄마와 살았고 그 이후로 아빠는 만난 적이 없다. 어린 시절을 되돌아보면 엄마는 두 자매에게 정서적 폭력에 가까운 양육을 했다. 엄마가 화나면 아무도 말릴 수 없었고 엄마가 원하는 대로 항상 모든 걸 맞춰줘야 했다. 경이의 언니는 그런 엄마의 착한 큰딸이었다. 경이의 언니도 엄마를 힘들어하고 괴로워했지만 경제적으로나 심리적으로 경이의 언니는 늘 엄마를 챙겼고 그래야만 한다고 생각했다. 엄마와 경이 사이에 그런 언니가 있었기 때문에, 경이는 때로는 언니와 함께 엄마 뒷담화를 했으며, 때로는 엄마가 저렇게 계속할 수 있는 것은 언니 때문이라며 거리를 두지 못하는 언니에게 훈수를 두었다.

언니에게 있어 결혼은 집에서 탈출하기 위한 수단이었을 것이라 경이는 생각한다. 그래서 경이는 언니의 죽음에 형부뿐 아니라 엄마도 가해자라 생각한다. 형부의 전화를 받고 달려간 신혼집에서 언니 시신이 수습되어 덮여 있는 모습을 봤다. 부부싸움을 하고 집에 와 있다가 자기 집으로 돌아간 지 얼마 되지 않은 날이었다. 마인드 피크닉 참가자 중 사망 현장에서 고인을 직접 본 건 경이뿐이다. 경황이 없는 엄마를 대신해 경이가 장례식을 맡아 치렀다. 부고를 알리고 손님을 맞았다. 언니의 재산을 상속하는 과정에서 수십 년 만에 아빠에게 연락하는 일도 경이가 해야 했다. 엄마에게 그걸 시키고 싶지는 않았다. 불교 신자였던 경이 가족은 정성을 다해 언니를 보냈다. 사십구재 내내 언니 친구들이 함께 와 기도해주었고 지금도 언니 친구들을 가끔 만나 언니 이야기를 나눈다.

경이는 언니가 키우던 강아지를 데리고 왔다. 언니가 너무 좋아하고 사랑했던 강아지여서 경이 역시 언니의 마음으로 강아지를 돌본다. 경이 역시 영이처럼 자살 유족 치료비 지원사업 참여 대상자였다. 이제 언니 대신 엄마를 책임져야 할 것 같은 생각과 언니처럼 하지는 못할 것 같다는 생각, 그리고 언니를 죽음으로 몰고 간 엄마에 대한 원망이 뒤섞여 마음이 몹시 혼란스러웠다. 엄마를 떠나고 싶지만 엄마도 죽을 것 같고, 실제 엄마는 죽겠다는 말도 자주 했다. 모든 것이 지치고 힘들어서 잠시 휴직하며 마음을 회복하자 생각했다. 경이는 메리골드 자조모임에 1년 내내 빠지지 않고 참석했다. 무거운 분위기에서도 곧잘 웃음을 터뜨리게 만들고 늘 따뜻한 위로를 아끼지 않는 참석자였다. 경이는 복직을 앞둔 상황에서 복직 전에 언니 얘기를 집중적으로 하고 싶은 마음이었다. 그리고 자살 사별자의 이야기가 더 많은 사람들에게 닿기를 바라는 마음으로 마인드 피크닉에 참가했다.

1장

우리는 모두 처음이었다

첫 번째 애도의 밤

우리가 함께 모여 이야기하는 이유

자살 사별자들이 같은 경험을 한 누군가를 만나고 싶어하는 이유는 다양하다. 쉽게 설명하기 힘든 자신의 마음을 누군가에게 터놓고 싶은 마음, 적당한 단어를 찾아냈다고 생각하면 이미 그 마음이 아닌 것을 알게 되어 더욱 종잡을 수 없게 되는 자신의 상태를 누군가가 발견해주었으면 하는 마음, 그리고 이 마음을 가장 잘 알아줄 사람은 같은 경험을 한 사람들뿐이라는 작은 기대를 안고 자조모임을 찾는다. 또는 혼란스럽고 낯선 이 감정의 소용돌이가 나만 겪는 이상한 경험이 아님을 확인하고 싶은 마음,

그들은 그 감정을 어떻게 겪어내고 있는지 알고 싶은 마음, 비탄과 슬픔에 끝이란 것이 있다면 그 끝에 있는 사람들은 어떤 모습일지 알고 싶은 마음, '극복'을 향한 지름길이 있다면 힘들게 둘러 가지 않고 그 길을 빨리 알아내어 해치워버리고 싶은 마음이기도 하다. 이는 사별 기간이 비교적 짧은 자살 사별자들이 자조모임의 문을 두드리는 이유다.

고인과 이별한 후 오랜 시간이 지난 자살 사별자들이 자조모임을 찾는 이유는 조금 다르다. 그들은 사별 후 5년, 10년간 고인과 고인의 죽음에 관한 이야기를 마음속 감옥에 넣어두고 억지로 외면하다가, 뜻하지 않은 순간 괴로움을 느끼고 자조모임을 찾는다. 여기서 '뜻하지 않은 순간'이란 대부분 인생에서 만나는 '또 다른 상실의 경험들'이다. 건강이 안 좋아졌다거나 직업을 잃었다거나 이별을 했다거나 자살이 아니더라도 주변 누군가를 사별하는 경험들 같은 것들 말이다. 일상의 상실에 과하다 싶을 정도로 반응하는 자신에게 당혹스러움을 느낄 때쯤, 마음의 감옥에 넣어두었다고 생각했던 과거 그날의 어떤 순간들이 떠오른다. 그날의 이미지들이 따귀를 후려치듯 머릿속에 맴도는 경험을 한다. 제대로 기억해내려고 해도 고인과 그날에 대한 기억은 이미 흐려질 대로 흐려져, 주변 사람들에게 새삼 그 이야기를 꺼내기도 어색할 때쯤 자조모임을 찾는다. 때로는 자조모임에 참여함으로써 자신이 '자살 사별자'라는 것을 재확인하면서 그 사람을 조금씩 잊어가고 있다는 죄책감을 덜고 싶은 마음에 참여하는 분들도 있다.

물론 같은 경험을 한 사별자들의 이야기를 궁금해하지 않거나 결코 만나고 싶어 하지 않는 사람들도 있다. 이미 내 고통도 차고 넘쳐서 다른 사람의 아픈 이야기를 들을 아주 조그만 마음의 공간조차 남아 있지 않은 사별자들. 애써 괜찮다, 괜찮다 하며 일으켜 세운 내 마음이 타인의 이야기로 한순간에 와르르 무너져 내리지는 않을까 염려하는 사별자들. 고인의 자살 상황이 너무 특이해서, 예를 들면, 범죄를 저지른 후 자살을 했다거나 가족 살해 후 자살한 경우와 같이 자살 사별자에게조차 이해받기 힘들 거라고 짐작하는 사별자들. 그 모임에 앉아 있으면 진짜 그 사람이 자살했다는 것, 그래서 나는 자살 사별자가 되었다는 사실을 깊이 인지하게 될 것 같아 두려운 사별자들. 이들은 자조모임에 참여하는 것을 꺼린다. 어떤 마음도 틀린 것은 없다. 사별 시기와 애도 과정에 따라, 그 사람과 남겨진 사람이 처한 삶의 맥락에 따라 자조모임에 참여하려는 이유와 참여하지 않으려는 이유가 나뉜다. 마찬가지로, 자조모임의 도움을 받는 경우와 특별한 도움을 받지 못하는 경우도 구분된다.

마인드 피크닉 참여자들은 이 모임이 자신의 애도 과정에 도움될 것 같다고 판단하여 모인 사람들이다. 민이는 자신이 알고, 할 수 있는 모든 애도 과정의 과업들을 빠짐없이 해내고 싶어서, 선이는 조금씩 기억에서 사라져가는 동생에 대한 미안함 때문에, 영이는 아빠의 죽음을 이야기할 일상에서의 관계가 전혀 없기 때문에, 경이는 자살 사별자의 이야기가 더 많은 사람에게 닿기를 원하는 마음에 참여했다.

다섯 명 모두 각자 고유한 애도 여정을 겪고 있지만, 모두에게는 애도 여정에서 반드시 들를 수밖에 없는 지점이 있으며, 그곳에서 처리해야 할 자신만의 과제도 있다. 미룰 수 없고 꼭 해야만 하는 과제. 하지만 그곳에 이르는 방법과 속도는 모두 다를 것이다. 걸어갈 수도 있고 자전거를 타고 갈 수도 있으며 차를 타고 갈 수도 있다. 어떤 사별자는 한 지점에 발이 묶여 오랫동안 그곳을 떠나지 못할 수도 있다. 어떤 사별자는 몇 개의 지점을 통과했다가 다시 후퇴하여 다시 처음으로 돌아와 이미 처리했다고 생각하는 그 어느 단계 앞에 다시 서 있는 자신을 발견할 수도 있다. 이제, 마인드 피크닉이라고 이름 붙여진 모임에서 우리는 만났고 그곳을 함께 가보려고 한다. 서로에게 혼자라면 지치고 외로울 수 있는 그 길을 함께 걷는 길동무가 되려고 한다.

첫 만남은 언제나 긴장이 가득하다. 첫 모임을 끝내고 보니 제일 긴장했던 사람은 나였다. 심리부검면담을 할 당시 면담 예약 시간을 훌쩍 넘겨 도착한 사별자분이 계셨다. 그분의 말씀은 이랬다.

"실은 시간에 맞춰 도착했어요. 그런데 뭐 때문인지 모르겠지만 선뜻 들어오기가 힘들었습니다. 그래서 주변을 계속 걸었어요. 그러느라 늦었습니다."

10년 만에 처음, 낯선 사람에게 그 사람의 이야기를 하기로 결심했지만 그 결심이 옳은 결정일지 확신할 수 없는 마음, 억지로 덮어놓은 고통을 헤집어놓지 않을까 두려운 마음이 그분의 발걸음을 아주 무겁게 만들었을 것이다. 나는 자살 사별자와의 첫 만남에서 항상 질문한다.

"오시면서 어떤 생각을 하셨어요? 어떤 기분이셨나요?"

자조모임에 기쁘고 설레는 마음으로 올 수 있는 이는 아마도 없을 것이다. '저는 몇 월 며칠 누구를 자살로 잃었습니다'라고 자신을 소개해야 하는 모임이다. 그리고 그 사람을 애써 떠올려야 하는 모임이다. 곁에 있던 사람이 갑자기 사라지는 외상적 사별을 겪은 사별자들은 신뢰와 믿음을 잃기 쉽다. 그 대상은 세상이며 사람이며 자기 자신이기도 하다. 나는 그럼에도 불구하고 다시 세상 밖으로, 사람 속으로 나오려 용기를 낸 사별자들에게 내가 할 수 있는 최고로 환대해주고 싶다. 왔던 길을 거슬러 되돌아가지 않고 이 공간의 문을 웃으며 열어주길, 그래서 함께 떠날 수 있길 초조한 마음으로 기다려왔다.

이제 모두 모였다. 우리는 피크닉을 떠난다.

나를
자살 사별자로
소개한다는 것은

리더 원이의 자기소개로 모임을 시작했다.

"저는 2018년 10월 19일에 남동생을 자살로 사별했어요. 제 동생은 집에서 투신했어요. 그때 저는 학교 근처에서 자취하려고 집을 구하고 나가서 한 2주 정도 되는 시점이었어요. 제가 없는 동안 동생에게 일어난 일에 대해 무척 많은 감정들을 가지고 있어요."

참여자들은 이 공간에 있는 모든 사람들이 나와 똑같

이 누군가를 자살로 잃었다는 것 외에 서로에 대해 아는 바가 없다. 그들은 처음 만난 자리에서 자신을 '나는 누구를 언제, 어떻게 잃었습니다'라고 소개한다. 리더의 입에서 그 문장이 시작되고 마무리될 때 참여자들의 반응은 조금씩 다르다. 벌써? 이렇게 빨리? 당황하기도 하고, 낯선 사람 앞에서 그렇게 말해본 적이 없어 어색하고 불편하기도 하다. 그 사람이 죽지 않았으면 만나지 않았을 사람들 속에 앉아 있는 자신이 기막히고 씁쓸하기도 하다. 자조모임 참여자들 대부분은 그 사람의 죽음을 '자기'가 겪은 경험으로 실감하지 못한 상태인 경우가 많다. 어떤 사별자는 고인의 죽음이 너무 믿기지 않아 하루에도 몇 번씩 '그 사람은 죽었어'라고 되뇌었다고 한다. 여전히 어딘가에 살아 있다고 생각하며, 그 죽음을 현실로 받아들이지 못하는 사별자가 다른 이들 앞에서 이 문장을 발화하는 순간, 그 사람의 현실이 된다.

원이의 말을 이어 영이와 민이, 경이는 고인이 떠난 해와 달로, 선이는 동생이 떠난 해와 계절로 자신을 소개했다. 짧은 소개가 끝나고 〈자살 생존자 권리장전(Suicide

Survivors' Bill of rights)〉을 돌아가면서 한 줄씩 낭독했다. 미국의 유가족 활동가가 만든 이 권리장전은 자살 사별자들이 애도 과정에서 흔히 느낄 수 있는 경험들을 하나씩 짚으며, 그런 생각과 느낌이 드는 것은 유가족의 당연한 권리라고 명시해두고 있다. 죄책감으로부터 자유로워질 권리로 시작해서 새로운 시작을 할 권리가 있다고 마무리하는 이 권리장전의 내용을 읽다 보면 권리라고 이름 붙였지만 자살 사별자들이 애도 과정에서 겪어내야 할 과업으로 느껴진다. 많은 사람들은 퀴블러 로스의 DABDA(Denial, Anger, Bargaining, Depression, Acceptance)를 모든 사별자의 애도를 이해하는 틀로 생각한다. '음, 저 사람은 아직도 부인하는 걸 보니 갈 길이 멀군', '지금 저 사람은 분노 감정에 휩싸여 있으니 곧 타협의 시간을 겪게 되겠군'처럼 말이다. 하지만 애도는 정해진 순서대로 밟아야 하는 어떤 단계가 있는 것이라기보다, 중간중간 반드시 겪고 해결해야 할 과업이 있는 과정으로 보아야 한다. 그리고 그 과업을 중심으로 사별자가 겪는 애도 과정은 모두 고유하다. 여기 모인 다섯 명은 사별 직후 느꼈던 혼란스러운 감정의 소용

돌이를 이미 겪어냈다. 이제 우리는 자신이 거쳐왔고, 앞으로 겪을 애도 과정에 대해 이야기 나누려고 한다.

그 사람이 떠난 그날에 대해

자신을 자살 사별자로 소개했으니 자살 사별자가 된 그날에 관해 이야기해야 한다. 심리부검면담도 애도 상담도 모두 그날로부터 시작한다. 심리부검면담(Psychological autopsy)이란 주변인들의 진술과 기록을 통해 고인의 사망 전 일정 기간 동안의 심리적인 행동 양상 및 변화, 상태를 재구성하여 높은 가능성을 지닌 자살의 원인을 추정하는 체계적인 조사 방법이다. 심리부검의 첫 질문은 '그날의 상황에 대해 이야기해주시겠어요?'이다. 이 질문 속에는 자살 발견 당시의 상황 또는 전해 들었을 당시의 상황에 대한 이야기가 포함된다. '언제 어떻게 누가 발견을 했나요?' '사망한 곳은 어디인가요?' '어떤 방법으로 사망했나요?' '사망 당시 술을 마셨나요?' 심리부검면담의 질문들이다. 심리부검의 초점은 면담에 참여하는 사별자의 애도가 아니라 죽음 직전에 있었던 고인의 생활 전반에 걸친 정보 획득이다. 수많은 자살 사망자에 대한 정보를 데이터로 모아 자살예방정책을 수립하는 근거로 삼기 위한 것이다. 따라서 자살 정황에 대해 유가족이 최대한 자세하게 기술할 수 있도록 질문한다.

애도 상담은 사별을 포함한 모든 이별 이후에 겪게 되는 심리적 과정을 내담자가 잘 겪어낼 수 있도록 도와주는 상담이다. 애도 상담 역시 심리부검과 마찬가지로 누군가의 죽음을 맞이했던 그날의 이야기로 시작하는 경우가 많다. 하지만 애도 상담에서 그 사람이 떠난 그날에 대해 질문하는 이유는 자살 사망 당시의 상황에 대한 정보를 취득하여 분석하기 위함이 아니다. 정보가 많은지, 적은지, 정확한지, 부정확한지는 중요하지 않다. 사별자가 어쩌면 영원히 잊을 수 없는 그날, 그 순간 사별자가 느꼈을 어떤 감각과 기억들, 감정에 집중한다. 많은 자살 사별자들은 그날, 특정 순간의 이미지, 신체감각, 기억들에 꽤 오랫동안 붙잡혀 산다. 묶여 있는 그날의 기억은 사별자 자신도 모르는 사이에 실제보다 더 크게 몸을 부풀려 사별자를 겁박하고 위협한다.

원 여기 계신 모든 분들이 공감할 것 같은데 그날의 어떤 기억들이 우리를 오래 붙잡고 있어요. 그래서 먼저 우리를 붙잡고 있는 그날의 기억들로부터 이야기를 시작하면 좋을 것 같아요. 어떤 기억들이 여러분을 붙잡고 있나요?

영 퇴근 후 집에 왔는데 아빠가 집에 계시지 않더라고요. 어디 가실 데도 없는데. 전화도 안 받고, 집 앞에 나갔는데 어디서 찾아야 할지도 모르겠고, 전화를 한다고 하면 누구에게 전화를 해야 할지도 모르겠더라고요. 경찰에 전화를 할까 생각했는데. 남자 어른이 없어졌다는 걸 경찰이 받아줄까 모르겠다는 생각이 들고…. 지금 생각해보면 제가 지레 겁을 먹었던 것 같기도 해요. 집에 저 혼자 있었는데 도대체 어찌해야 좋을지 모르겠더라고요. 그러다가 아빠가 자주 가는 집 앞 가게 아저씨에게 막 울면서 우리 아빠 보셨냐고 물어봤어요.

선 저는 그날이 주말이었어요. 친구들이랑 북한산에서 등산을 하고 내려오는 길에 전화를 받았어요. 처음에 엄마인가, 아빠인가 전화를 하셔서 막 우시면서 동생이 어떻게 됐다 얘기하시다가 전화가 딱 끊기더라고요. 너무 우시느라 말씀을 제대로 못하셨어요. 그래서 무슨 일이지 하고 있는데 바로 다시 전화가 왔어요. 동생한테 사고가 났으니 빨리 장례식장으로 오라고요. 너무 놀랐어요. 주저앉아 울었는데 몸이 부들부들 떨리고. 겨우겨우 산에서 내려왔어요.

원 저는 제가 학교에 있을 때 엄마한테 전화가 왔어요. 강의를 듣는 중이었고 전화를 끊었죠. 카톡으로 '수업 듣는 중이니까 카톡으로 보내' 이렇게 메시지를 보냈어요. 보낸 다음에 엄마가 읽었어요. 그런데 1분 동안 답장이 없는 거예요. 그 1분이 너무너무 무서웠어요. 저는 이미 그때 약간

예감을 하고 있었던 것 같아요. 동생이 죽었을지도 모른다는 생각이요.

경 저는 이게 좀 괴로운 것들 중 하나가 그날의 장면들이 갑자기 막 플래시백처럼 떠오르는 게 있거든요. 아직까지도요. 그냥 정말 아무렇지 않게 다른 일을 하고 있다가도 갑자기 막 기억이 나고. 그런 것들이 괴로웠어요. 그 장면은 처음 언니를 맞닥뜨렸을 때 그 순간이에요. 그날 새벽에 형부한테 전화가 왔을 때 정말 받기 싫었어요. 언니가 형부 때문에 힘들어하는 걸 너무 잘 알아서 받고 싶지 않았어요. 그때는 아마 싸우고 언니가 집을 나갔나 보다, 그렇게 생각해서 안 받았는데 계속 전화가 오는 거예요. 그래서 받았는데 형부가 "일단 빨리 와. 너희 엄마한테 얘기하지 말고 빨리 와" 그러더라고요. 아무 설명도 없이요. 빨리 오라는 말만 반복하길래 순간 언니 어디 있느냐고 물었어요. 그래도 형부는 빨리 오라는 말만 반복했어요. 택시를 잡아타고 언니 집으로 갔더니 이미 언니 집 1층에 경찰차, 구급차가 다 와 있는데 분주해 보이지 않았어요. 뭔가 막 사람을 이송하고 처치하고 그런 게 아니라 뭔가 끝난 느낌이었어요. 언니 집으로 올라갔더니 현관문이 열려 있고 누워 있는 언니가 보였어요. 들어가면서 제가 볼 수 있는 쪽으로 머리를 뉘어 놓으셨더라고요. 자세히 얼굴을 보거나 할 수 있는 거리가 아니었어요. 그냥 누워 있는 모습만 봤는데. 그 장면이 너무 충격이었어요. 감식이라고 해야 하나. 그런 걸 하고 있는 것도 보이고. 사진도 찍고 계시고. 그냥 주저앉아 넋 놓고 울고 있으니 문을 닫으시더라고요. 여전히 생각나고 힘든 건 도착하자마자 보였던 구급차, 경찰차. 그런데 하나도 분주해 보이지 않아서 들었던 감정과 생각, 그리고 언니가 누워 있던 모습이에요.

민 저는 그때 엄마랑 스페인 산티아고에 있었어요. 그때가 하루 이틀 더 걸으면 산티아고에 도착하는 날이었어요. 자고 일어났는데 아빠한테 카톡이 와 있었어요. 아빠는 카톡을 잘 안 하는 사람이라서 뭔 일이 있구나 그렇게 생각했어요. 저는 무슨 일인지 전혀 감이 없이 그냥 침대에 누워서 엄마가 통화하는 거를 보고 있었어요. 듣다 보니까 누군가의 사망 소식인 것 같아서, 누구지? 그랬던 것 같아요. 상상도 못 했죠. 그때 엄마가 하는 어떤 말을 듣고 오빠구나 하는 생각이 들었어요. 그냥 갑자기 눈물이 쏟아졌어요. 그야말로 대성통곡이었어요. 엄마는 울지도 않고 아무 말도 안 했던 것 같아요. 저 혼자만 계속 엄청 울었어요. 울다가 정신을 차리고, 귀국을 빨리 해야 하는데 어쩌나 그 생각밖에 안 들었어요.

영이는 직접 아버지를 찾아 나섰고 원이와 민이, 선이는 가족으로부터 사망 소식을 전해 들었다. 경이는 언니의 사망 현장에 직접 가서 먼발치에서 언니의 모습을 직접 목격했다. 참가자들은 그날의 어떤 장면, 이미지가 떠오르면 후루룩 그날 그때로 빨려 들어간다고 했다. 한 번의 터치로 순식간에 휘감겨 빨려 들어가는 전선같이 말이다. 사별자들의 마음을 힘들게 하는 것은 언제, 어떻게 그 버튼이 눌려질지 예측할 수 없다는 것이다. 그날과 유사한 날씨에, 아빠가 자주 가던 그 공원을 지나쳐 갈 때, 구급차를 볼 때, 등산하는 사람들을 볼 때, 산티아고 여행지가 TV에서 나올 때 그럴 수 있다. 때로는 그 죽음과 별 관련 없어 보이는 사소한 자극도 그날로 돌아가게 만드는 버튼이 된다.

원 그때 어떤 장면, 이미지가 떠오르면 후루룩 그때로 돌아가요. 그리고 저는 그때 그날의 생각이 나면 엄청 비정상적인 불안 같은 게 올라와요. 뭐라고 해야 할까. 경이 님 말씀하신 것처럼 온몸이 떨리고 사고 회로가 딱 멈추는 느낌이요. 그런 느낌이 들 때 좀 많이 무서워요.

자살 사별자들은 그날 이후부터 한동안 이전에 겪어보지 못한 증상들을 많이 호소한다. 우리는 예기치 못한 외상적이며 압도적인 사건에 큰 충격을 받는다. 우리의 뇌는 스트레스 호르몬을 마구 분비시키면서 이 스트레스 상황에 대처하게끔 우리의 몸과 마음을 준비시킨다. 갑작스럽게 분노가 치밀고 폭발할 것 같은 감정 상태가 되거나 내가 듣고 본 것들이 현실이 아니길 바라는 마음을 갖게 되기도 한다. 불안과 공포, 모든 감각들의 전원이 갑자기 꺼진 것 같은 멍함도 여기에 해당한다. 공황 발작이 생길 것 같은 느낌, 숨 막힘, 어지러움 등의 신체 증상을 비롯해 수면과 식습관 패턴의 변화들도 동반된다. 스트레스에 대처하는 인간의 싸움-도주-경직 반응은 지극히 정상적인 반응이며 감당하기 힘든 사건에 직면한 모든 사람이 누구나 경험할 수 있다. 그것은 우리의 몸과 마음이 생존을 위해 선택한 대처 방식이다.

그 밖에도 고인의 마지막과 관련된 특정 장면이 반복적이며 침습적으로 떠오르거나 고인의 마지막 순간이 어땠을까에 생각을 몰두하면서 괴로움에 빠질 수 있다. 때로는 고인의 시신을 발견했을 때 혹은 고인의 사망 소식을 전해 들었을 당시 상황의 아주 사소한 세부 사항이 확대되어 각인되기도 한다. 예를 들어 사망 소식을 전하는 의사의 얼굴 표정, 사망 소식을 들었을 때 눈에 들어왔던 어떤 물건, 그때 들었던 소리, 만졌던 촉감, 날씨 같은 것들 말이다. 그리고 그 순간 오감을 통해 들어왔던 어떤 감각, 경험은 한동안 일상생활에서 재현될 수 있다. 때로는 죽음과 관련된 어떤 사실의 일부가 제대로 기억나지 않을 수도 있다. 이런 반응들은 사별자가 미쳐가고 있기 때문에 나타나는 것이 아니다. 또한 시간이 흐르고 상실에 대한 애도가 진행되면서 충격적인 스트레스에 반응하고자 했던 우리의 몸과 마음은 회복될 수 있다.

고인의 모습을 보는 것에 대해

자조모임에 참여하는 20~30대의 자살 사별자들 대부분 고인의 자살 사망이 성인이 된 후 경험한 첫 사별이었던 경우가 많다. 특히 시신을 발견했거나 영안실이나 장례식에서 고인의 시신을 봤을 때 느꼈던 완벽히 낯선 감각들에 대해 더욱 그렇다.

(민) 저는 오빠 시신을 보지는 않았어요. 투신이라고 들었고 그냥 그 순간에 시신이 훼손되어 있을 것 같았고 그래서 보는 게 무서웠어요. 엄마, 아빠는 오빠 얼굴을 만지고

매달려 울고 있는데 저는 차마 무서워서 근처에도 가지 못했어요. 관 한쪽 끝에서 힐끔거리고 있는데 장례지도사분이 이제 마지막이니 인사를 하라고 하시더라고요. 그 전부터 오빠 손이 자꾸 눈에 밟혀서 손을 잡아주고 싶었어요. 오빠 손만 겨우 잡고 오빠 얼굴은 끝내 못 봤어요. 그렇게 죽었구나. 죽은 게 맞구나 그런 생각이 들었어요. 그렇게 보냈어요.

경 사실 저도 언니 시신이 너무 무서웠어요. 그래서 언니를 처음 발견한 게 제가 아니라 형부라는 게 다행이라는 생각이 들기도 했어요.

원 저도 동생 시신을 보는 것이 너무 힘들었어요. 제 동생은 응급실에서 심폐소생술을 했고, 투신이었으니까 제 생각에 막 멀쩡한 상태는 아닐 거라고 생각했어요. 그리고 많이 훼손됐으면 어떡하나 걱정을 많이 했어요. 그런데 의외로 멀쩡하더라고요. 입관할 때 장례지도사 님이 작별인사를 하라고 해서 얼굴을 처음 만졌는데, 이상한 실리콘 만지는 느낌이 나는 거예요. 너무너무 차가운 촉감도 함께…. 그게 너무 무서웠어요.

현장에서 직접 고인을 발견하지 않았던 사별자들이 고인의 시신을 보는 것이 좋은가, 나쁜가에 대한 정답은 없다. 다만, 장례식장에서 시신을 봤던 사별자들은 고인의 마지막을 봤던 것에 대해 후회를 하기보다는 잘한 결정이라고 이야기한다. 아마도 이는 죽음이라는 것이 돌이킬 수 없는 현실이라는 것을 받아들이는 데 도움이 되기 때문일 수도 있겠다. 일반적으로 시신을 보지 않았던 사별자들은 자살 사망자의 시신 상태가 온전하지 못할 것이며 그 모습을 보는 것이 매우 충격적이라고 생각해 보지 않았거나, 본인은 보려 했어도 주변에서 만류해 보지 못했다. 게다가 목맴으로 사망한 경우는 이렇다더라, 물속에 투신한 사람의 몸은 이렇다더라 하며 떠도는 이야기들은 유가족이 시신을 직접 확인하기 어렵게 만든다. 반면 사별자는 보고 싶지 않았으나 '이번이 마지막이니 꼭 봐야 한다'는 사람들의 말 때문에 마음의 준비 없이 억지로 시신을 봐야 했던 경우도 있었다.

애도 상담과 자조모임에서 만났던 사별자들의 경험을 통해 볼 때, 장례지도사가 예를 다해 고인의 시신을 깔끔하고 단정하게 꾸며주기 때문에 사별자들이 생각하는 것과 같은 충격적인 모습일 확률은 거의 없다. 오히려 보기 전 두려워했던 것에 비해 고인의 모습이 편안해 보였음을 확인하고 안도하는 분들이 더 많았다. 어떤 장례지도사는 목맴으로 사망했던 고인의 목에 예쁜 스카프를 둘러주고 특별히 더 아름다운 꽃으로 시신 주변을 꾸며주기도 하셨다. 시신을 볼 것이냐 말 것이냐를 결정하는 것은 누구의 권유나 설득이 아닌 사별자 스스로 선택해야 하는 문제이다. 만약, 시신을 보기로 결정했다면 사별자는 장례지도사에게 시신의 상태뿐 아니라 시신을 보기 전 미리 알아야 할 사실이 있는지에 대해서도 충분한 설명을 요청하는 편이 좋다.

시신을 보는 것은 사별자가 '눈앞의 죽음'을 보는 것이다. 그 순간에는 죽음에 대해 철학적으로 사유하기보다는 철저하게 물리적인 사건으로서 죽음을 맞닥뜨리게 된다.

애도는 물리적 사건으로서의 죽음을 받아들이고 인정함으로써 시작한다. 사별자들은 시신이 된 그 모습만 영원히 자신의 기억 속에 남을까 두려워하지만 고인의 마지막을 봤던 사별자들은 오히려 평온하게 잠든 모습을 바라보며 위안을 얻었다고 말씀하셨다.

우리 모두,
장례식은
처음이었다

모든 것을 제대로 갖춰 준비한 자살 사망자의 장례식은 아마도 많지 않을 것이다. 자연사, 병사가 아닌 모든 죽음은 경찰의 수사 결과에 따라 장례 절차를 시작할 수 있다. 모든 자살은 우선 변사 사건으로 분류되어 경찰 조사를 통해 타살 혐의점이 없다는 것이 확인되어야 장례를 치를 수 있다. 자살은 범죄가 아니지만, 그 죽음이 자살로 판명되기 전까지 사망 현장은 잠재적인 범죄 현장으로 취급될 수 있으며 유족 중 누군가는 경찰 조사를 받아야만 한다. 때로 경찰들이 유가족의 충격을 세심하게 배려하지 못한 채로 조사할 수도 있으며 그로 인해 유가족의 고통은 배가 될 수도 있다.

이런 과정이 지난 후에는 '어느 곳에서 장례를 며칠 치를 것인가?' '장례식 전반에 걸친 의사소통 창구를 누구로 정할 것인가?' '영정 사진을 어느 것으로 할 것인가?' '누구에게 부고를 보낼 것인가?' '장례식을 종교식으로 진행할 것인가?' '상주를 누구로 해야 할 것인가?' '고인을 어디에 안치할 것인가?' 등등 수많은 의사결정 사항이 유가족을 기다리고 있다.

때로 장례식 자체를 치르지 않기로 결정하는 유족들도 있다. 그 누구에게도 알리고 싶지 않은, 그 누구도 몰랐으면 하는 죽음이라고 생각하는 유족들은 최대한 조용하고 신속히 죽음을 처리한다. 비록 장례를 치르기로 결정했지만 조문객들에게 사인을 밝히지 않는 것을 원하는 유족들도 많다. 사망자의 나이나 생전의 생활을 미루어볼 때 돌연사나 병사로 알려도 그다지 의아해하지 않을 그런 자살의 경우 더욱 그렇다. 때로는 제대로 격식을 갖추고 고인과 가까운 많은 사람들이 모두 와서 고인의 가는 길을 추모해

주었으면 하는 유족과 그렇게 하고 싶지 않은 유족끼리 갈등이 생기기도 한다. 조문객 중 참견하기 좋아하면서 무례하기까지 한 친인척, 지인들이 와서 유가족에게 상처를 주는 말을 면전에 하거나, 유족은 못 들을 거라 생각하고 고인에 대해 이러쿵저러쿵 얘기를 하다가 우연히 듣게 된 유족에게 평생 가슴에 남을 아픔을 남겨주기도 한다. 준비되지 않은 갑작스러운 죽음에 대한 장례식은 늘 후회가 남고 한동안 유가족의 마음을 괴롭힌다.

병원에 있는 엄마를 대신해 아버지의 장례를 책임져야 했던 영이뿐 아니라 형제 사별을 맞닥뜨린 다른 사별자들 역시 황망한 부모를 대신해 장례 절차의 의사결정 과정에 직접적으로 관여하기도 한다. 특히 원이, 경이는 형제의 친구들을 찾아 부고를 알리고, 영정 사진을 고르고, 중간중간 부모님을 걱정하면서 조문객을 챙겼다. 애도 상담에서는 장례식 장면을 회고하면서 장례 절차 과정에서 느꼈던 사별자의 낯선 경험과 그에 따른 당혹스러웠던 감정과 후회를 꼭 다루게 된다. 이번 자조모임에서 역시 장례 절차와 관련된 주제들로 이야기를 나누었다.

원 동생 부고를 동생 친구들에게 알려야 한다는 생각에 동생 카톡을 다 읽어봤어요. 그중에서 친한 사람을 추려서 부고를 보내야겠다는 생각에요. 그런데 제가 누가 누구인지, 어떤 친구인지 어떻게 알겠어요. 한 명 한 명 정신없이 보냈어요. "안녕하세요. ++ 누나입니다. ++이가 19일에 사망해서 내일 ++병원에서 장례를 치를 예정입니다" 이렇게요. 그때는 발인 시간도 나오지 않아서 저렇게밖에 보낼 수 없었어요. 그랬더니 어떤 사람들은 장난 문자인 줄 아는 거예요. "이 새끼야, 장난하지 마" 이런 답 메시지를 많이 받았어요. 그게 너무 충격이기도 했어요. 유골함에 대한 기억도 있는데, 제가 유골함을 받았거든요. 정말 너무 뜨거웠어요. 시신이 된 동생의 얼굴을 만졌을 때의 차가운 느낌과 유골함의 그 뜨거운 느낌이 대비되면서 이상한 느낌이 들었어요.

선 주변에 어떻게 연락을 할까 고민하다가 아주 친한 친구한테만 알리자고 해서 각자 연락해서 친구들을 맞이했어요. 동생 유골함을 부모님이랑 같이 골랐던 기억이 나요.

유골함이 보통 흰색이고 그런데 어떤 거 하나가 분홍색 꽃이 들어가 있고 좀 비쌌거든요. 아빠가 예쁜 거 해주고 싶다고 해서 그걸 골랐어요. 추모공원에 갈 때 남동생이 유골함을 들었는데, 그때 동생이 "아직 따뜻하네" 그렇게 말했던 기억이 나요. 그리고 장례식 마지막 밤에 조의금 받은 거를 저랑 동생이 정리해야 했는데요, 정리하면서 지폐를 얼굴이 보이게 다 맞춰서 깨끗하게 정리해야 할 것 같은 거예요. 그냥. 그래야 할 것 같았어요. 그렇게 딱 맞춰 깨끗하게 정리해서 고무줄로 묶고 그러면서 '아. 장례식도 돈이 있어야 할 수 있겠구나'라는 생각을 했어요.

그리고 화장터 옆 호실에선 엄청 소리를 지르고 울고 그런 소리가 너무 크게 들렸어요. 그 순간 여기가 지옥 같다는 그런 느낌을 받았어요. 저희는 그렇게 많이 울지는 않았는데 막상 동생이 유골함에 담겨 나올 때는 많이 울었던 기억이 나요. 리무진도 꽤 좋은 걸 탔어요. 좋은 거 해주고 싶다고 했으니 아마 아빠가 그런 선택을 한 것 같아요. 그 긴 차에 타서 동생이랑 그런 얘기를 했어요 "++ 덕분에 리무진도 처음 타보네" 이런 농담을 주고받았던 기억이 나요.

영정 사진을 들고 있던 남동생은 막 졸더라고요. 장례식 내내 잠을 잘 못 잤으니까요. 조는 동생을 옆에서 계속 깨우고. 그런 사소한 순간의 기억들이 나요.

민 저는 엄마랑 장례식 이틀째 날 도착했어요. 들어가면서 영정 사진을 봤는데 사진 앞에 버거킹 세트가 놓여 있는 거예요. 알고 보니 오빠랑 제일 친했던 친구가 있는데 오빠가 이거 좋아하는 줄 알고 사 왔더라고요. 장례식장에서 영정 사진을 들고 있으면서 마음은 너무 슬픈데 잠이 쏟아지더라고요. 진짜 며칠 밤을 제대로 못 잤으니까요. 엄마가 옆에서 계속 깨우고 그랬던 기억이 있어요.

경 지금 생각해도 잘했다고 생각하는 건 언니에게 수의를 입히지 않고 한복을 입혀준 거예요. 언니가 평소에 한복을 참 좋아했어요. 그리고 영정 사진이 언니가 죽기 한 몇 주 전이었나, 셀카를 여러 장 찍어서 저한테 보내줬거든요. "야, 나 프로필 사진으로 뭐가 제일 잘 나왔어?" 했던 사진 중에 하나였거든요. 프로필 사진이니 얼마나 신경 써서 찍었겠어요. 그런데 그게 영정 사진이 될 줄 누가 알았을까요. 아마 언니도 몰랐겠죠. 그런 생각이 들면서 장례식장에 영정 사진으로 올려져 있는 그 사진을 보니까 마음이 정말 씁쓸하더라고요. 부고를 한다고는 했지만 언니와 친했던 사람들 몇몇한테는 알리지 못했어요. 그게 마음에 계속 걸려요. 그리고 유골을 뿌려주는데 정말 요만큼이잖아요. 그게 언니라고 생각하니까 너무 허망하고 온전한 모습은 도대체 어디 간 거지 그런 생각이 많이 들었어요.

자살 유족들을 만나면서 내가 겪었던 첫 장례식의 기억을 더듬어본 적이 있다. 초등학교 저학년 때쯤 겪었던 시골 할아버지의 장례식이었다. 안방 병풍 뒤에는 염을 해놓은 할아버지 시신이 있었고 마당에는 조문객들로 북적였다. 이웃 아주머니들은 조문객들의 식사를 내고, 치우느라 분주했다. 아이들은 마당에서 웃으며 뛰어놀았다. 같은 공간에 산 사람과 죽은 사람이 병풍 하나를 사이에 두고 함께 머무르는 그 상황이 현실적인 듯, 비현실적인 듯 희한한 감각을 불러일으켰다. 잔칫집이라고 해도 이상하지 않았을 그날, 장례식임을 알 수 있게 해줬던 것은 향냄새와 할머니의 곡소리였다. 할머니는 툇마루에 앉아 장례식의 흐름 전체를 진두지휘 하다가도 조문객 한 분이 오시면 바닥을 치면서 '아이고 아이고'를 하시며 애도의 분위기를 만드셨다. 종종 아이고 아이고에 이어 뭐라고 중얼거리며 타령 비슷한 것을 하셨는데 할아버지에 대한 원망과 아쉬움, 당신 처지에 대한 한탄 같은 내용이었던 것 같다. 방금 전까지 아무렇지 않게 사람들과 얘기하다가도 조문객이 들어오는 그 순간 돌변하여 '아이고 아이고'를 하셨던 할머니의 모습이 너무 연극적이어서, 과연 할머니가 슬픈 게 맞을까 그 당시에는 의심했었다. 장례식에 대한 나의 첫 기억은 이렇다.

《세상에서 가장 멋진 장례식》(에바 에릭손 그림, 울프 닐손 글)이라는 그림책이 있다. 죽은 동물들의 장례를 치러주는 어린이 세 명이 등장한다. 어떨결에 죽은 동물 장례식을 치른 첫 경험을 시작으로 장례회사를 차릴 정도로 각종 동물의 장례식을 치르게 되는 이야기다. 아이들은 추도시를 쓰고 읽는 역할, 무덤을 만드는 역할, 그리고 우는 역할을 맡아 그럴듯한 장례식을 치르고 죽음에 대해 서로 묻고 대답하며 죽음을 배워간다.

장례식은 삶과 죽음이 이어져 있음을 생각하는 자리이자 어떤 존재가 우리 곁에 있었다는 것을 기억하는 자리이면서 남은 사람을 위로하는 사회적 만남이다. 살아 있는 모든 존재는 떠나는 것을 잘 배웅할 수 있어야 하지만 자살 사별자들이 기억하는 장례식은 산 사람의 잔칫집 같은 장례식도 아니고, 세상에서 가장 멋진 장례식도 아니다. 낯설고 불편하며 혼란스러운 장례식이다. 그래서 고인을 잘 배웅하지 못했던 장례식이다. 상담실에서 나는 '사별자들과 마음의 장례식을 치르는 게 아닐까' 하는 느낌을 받는다. 우리가 나누는 대화가 추도의 시가 되기도 하고, 함께 마음속 한편에 무덤을 만들고, 그때 함께 울지 못했던 사별자가 아무 생각 없이 울 수 있는 그런 장례식 말이다. 시간이 지났어도 괜찮다. 허겁지겁 장례식을 해치워버린 자살 사별자라면 누군가와 함께 마음의 장례식을 꼭 치렀으면 좋겠다.

그들이 보냈을 어떤 경고신호,
죽음의 이유를 찾는

추적자

정도의 차이가 있지만 모든 자살 사별자들은 한동안 그가 '왜?' 스스로 목숨을 끊어야 했는가에 대한 이유를 쫓는다. 그리고 죽음 직전 사별자들에게 보냈을 어떤 '도움의 신호'가 있었는지 끊임없이 생각한다. 그때는 알아채지 못한 고인의 말과 행동들은 지금 곱씹어 생각해보면 모든 것이 경고신호였다는 생각에 후회하거나 자책하기도 한다. 이 과정은 어쩔 수 없이 반드시 해야 하는 일이며 하면 할수록 고통스러운 일이기도 하다. 어떤 사별자는 고인이 남긴 모든 흔적을 모조리 찾아 그 흔적 하나하나를 쫓아 추적하기도 하고, 어떤 이는 그 흔적을 보는 것조차 너무 고통스러워서 될 수 있으면 아주 멀리 도망가려고 한다.

많은 경우 사별 이후 얼마 지나지 않은 시점에서 이 추적을 시작하지만 수년이 흐른 시점에서 뒤늦게 추적을 시작하기도 한다. 그 일을 회피하면 고통스러운 감정을 잠시 줄일 수 있지만 훗날 그 감정은 시간의 흐름이 무색하게 다시 살아나 돌아온다.

심리부검면담을 할 때, '만약 내가 스스로 목숨을 끊어 나를 꽤 잘 안다고 생각하는 이가 심리부검면담에 참여한다면, 이 수많은 질문에 답을 얼마나 할 수 있을까' 생각해 본 적이 있다. 나를 잘 안다고 나설 수 있는 두어 명이 떠오른다. 그들이 나에 대해 알고 있다고 말할 수 있는 정보들을 추측해본다면, 그들이 말하는 나는 실제 나와 아주 다른 사람이 되어 있을 것 같다. 아마도 나를 잘 안다고 생각하는 사람들에게조차 보여지고 싶은 어떤 나로 가면을 쓰곤 하니까 말이다.

사별자들이 고인에 대해 가지고 있는 정보의 조각들이라는 것은 아주 작고 적다. 물론 어떤 이는 작지만 죽음과 관련된 결정적인 영역의 조각을 가지고 있을 수도 있고, 어떤 이는 죽음의 이유와 별 관계가 없어 보이는 조각을 가지고 있을 수도 있다. 그럼에도 불구하고 사별자는 자신이 가지고 있는 조각이 어떤 것인지, 얼마만큼인지 계속 생각하는데, 이 과정은 멈출 수 없으며 멈춰서도 안 된다. 그렇게 해서 만들어낸 그 사람의 죽음 이야기가 사실과 다를 수도 있겠지만 그래도 상관없다. 그 이야기를 만들기 위해 했던 사별자들의 분투, 그것이 애도 과정에서 중요하다.

원이와 민이는 죽음의 이유를 향한 적극적인 추적자였고, 그들의 추적은 장례식장에서부터 시작되었다. 조문객들 중 죽음의 이유를 알 만한 사람들이 있는지 확인해보기도 했고, 고인의 친구들을 보고 그들이 나누는 이야기 속에서 가족들이 모르는 죽음의 단서를 찾으려 감각을 곤두세우기도 했다. 선이는 동생이 남긴 노트북, 메시지들, 친구들을 만나며 동생이 언제부터 얼마만큼 힘들어했었는지 알고 싶어 했다. 영이와 경이는 죽음으로 이르는 길에 고인이 겪었던 결정적인 고통의 사건들을 이미 알고 있었기에, 원이나 민이, 선이에 비해 죽음의 이유를 추적하려

몰두하지는 않았다. 영이와 경이는 고인의 죽음에 대해 그들이 이해할 만한 어떤 이야기를 이미 갖고 있기 때문이다. 오히려 죽음에 이를 정도로 힘들어했었지만 당시에는 미처 몰랐던 자신에 대해 후회하고 아파했다.

원 장례식장에서 뭔가 추적자 역할을 했던 기억이 나요. 죽음의 원인을 찾으려고 하는 과정에서 내가 모르는 어떤 걸 알고 있는 사람이 있을까, 누구한테 물어야 알 수 있을까 생각했어요. 그러면서 조그만 수첩을 들고 장례식에 오는 사람들한테 인사하면서 "내가 연락했던 누나다"라고 말하며 얼굴을 한 명씩 다 살펴봤어요. 그런데 인사를 하면서 얼굴을 보니까 알겠더라고요. 아, 이 사람은 동생이랑 친했구나 아니면 사이가 좋지 않았구나.

민 저는 오빠의 감정 상태를 잘 몰랐어요. 따로 살았고 한 달에 한두 번 가끔 얼굴 보는 사이였어요. 개인적으로 연락하거나 그런 일은 잘 없었어요. 오빠가 가기 한 달 전쯤 주말에 만난 게 기억이 나요. 그 당시 오빠가 극도로 짜증이 나 있고 예민한 상태라는 게 느껴졌어요. 그래서 저도 건드리지 말아야겠다는 생각이 들어서 자꾸 방에 들어가서 쉬라고만 했었어요. 정말 잘 모르겠어요. 저는 오빠에 대해 아는 게 별로 없고 오히려 죽고 나서 오빠 휴대폰이랑 블로그에 남긴 글, 이런 기록들을 살펴보면서 오히려 오빠가 죽기 직전에 이런 감정 상태였구나를 그나마 알게 됐어요. 저는 오빠 죽음에 대한 답을 찾고 싶어서 그랬던 건데. 그런데도 지금 잘 모르겠고요.

오빠가 죽기 전날 사고가 나긴 했었어요. 차 사고가 났었는데 저랑 엄마는 여행 중이었으니까 여행 중에 오빠한테 전화를 받은 거예요. 전화로는 그냥 졸음운전을 해서 강둑에 박았다고 그랬어요. 졸다가 눈을 떠보니 강가에 빠져 있었대요. 그래서 인명 피해가 크게 난 것은 아니니까 다행이다, 엄마가 그랬던 것 같아요. 그런데 오빠 유서에 그런 내용이 있었어요. '눈을 떠보니 차 사고가 났다. 나는 그때 깨달았다. 나는 살아갈 의지가 없다는 걸 깨달았다.' 이런 식으로 써 있었어요. 일부러 차 사고를 낸 건가? 고의가 아니었나? 별의별 생각이 다 들면서 차라리 그때 차 사고가 크게 났으면 오빠가 죽지 않지 않았을까 그런 생각이 정말 너무 많이 들었어요.

저는 오빠의 죽기 전 감정 상태를 모르니까 장례식장에서 만난 오빠의 가까운 친구들한테 물어봤는데 다 몰랐다고 그랬어요. 다 똑같은 말을 했어요. 죽기 며칠 전에 같이 술 마신 친구도 '힘들 줄은 알았지만 이 정도인 줄은 몰랐다'고 했고, 저도 엄마도 친구도 다 같은 말이죠. '이 정도까지인 줄은 몰랐다.' 그러니까 저랑 엄마도 여행을 갔죠. 그런 생각을 하다가 '오빠 자신은 알았을까, 자기가 죽을 거라는 걸' 그런 생각도 들고. 그런데 자꾸 오빠가 흘린 말들을 끼워 맞추게 돼요. 예를 들면, 오빠가 지나가는 말로 엄마한테 '엄마 나는 서른 살까지만 살 거야. 예수도 서른 살에 죽었어' 이런 말을 했던 거라든가 '나는 죽을 용기가 없어서 못 죽을 거야' 그런 말들요. 이렇게 기억해내고 맞춰보면서 '왜 죽었나, 왜 죽었을까' 그러고 있어요.

선 저는 동생 휴대폰이나 노트북을 봤어요. 저만 그런 게 아니라 엄마도 그랬던 것 같아요. 그런데 그 속에 남겨진 동생의 흔적들을 보니까 우리가 아는 것보다 훨씬 더 심한 우울증을 앓고 있었고, 삼수를 하면서 많이 힘들어했고 이전에 손목에 자해를 하거나 자살 시도도 했었다는 것을 확인했어요. 그래서 이제 와서 생각하면 뭔가 어느 날 갑자기는 아니었던 것 같아요. 그런 일들이 계속 있었지만 그냥 진짜로 죽을 줄은 정말 몰랐던 것 같아요. 동생이 유서는 쓰지 않았고, 저도 동생이 자기 자신이 이렇게 죽을지 모르지 않았을까 하는 느낌이 들어요. 자해를 하면서 괴로운 마음을 표출하지 않았을까. 그렇게 자해를 했던 이야기들이 페이스북을 찾아보니까 있더라고요. 그냥 그렇게 괴로움을 표출하고 뭔가 자기 자신을 벌주는 그런 거였을까. 그런 거라도 너무 모르겠어요. 갑자기 걔 입장에서는… 걔 입장에서는 갑자기가 아닐 수도 있겠네요. 그런데 가족 입장에서는 갑자기이고. 이렇게까지 힘들 줄은 몰랐죠.

경 그러니까 자살의 징후들이라고 하잖아요. 지금 생각하면 그런 것들이 너무 많은 것 같은데 당시에는 상상도 못했던 것 같아요. 이게 정말 자살 징후였을 줄은요. 언니가 죽기 한 세 달 전쯤에 마음이 너무 힘드니까 정신과에서 약 처방을 받았었대요. 그런데 그즈음에 형부랑 크게 싸우고 약 며칠분을 한꺼번에 들이켰고, 갑자기 너무 겁이 나서 본인이 직접 신고를 했대요. 병원 가서 위세척도 하고요. 그 일이 있은 후 한두 달 지나고 나서 저에게 얘기했는데, 그냥 담담하게 '나 그랬었어, 너무 힘들어서 그랬어' 이렇게 얘기했어요. 그땐 '지금은 괜찮은가 보다' 그렇게 생각했던 것 같아요. 나중에 알고 보니 그게 정말 중요한 자살 경고 신호라던데. 그런데 그때는 정말 몰랐던 것 같아요. 아까 여러분이 말씀하셨던 것처럼 다 그렇게 힘들 줄은 몰랐다고 그러는데 정말 그 말이 너무 공감이 됐어요. 그렇게 명백한 징후라는데 그때는 모르기 쉽다는 게 좀 잔인하다고나 할까. 제가 무시하려는 어떤 의도를 가지고 무시한 것은 아니지만, 그래도 '내가 뭔가를 좀 더 했다면…' 하는 생각은 계속 들어요. 언니랑 병원에 같이 가주거나 같이 있어주거나 뭔가 조치를 취했으면 조금 달라졌을까? 지금은 모두 의미 없는 질문들인데 자꾸 그런 생각들이 들어요.

자살 경고신호(warning sign)란 자살 사망자가 자살에 대해 생각하고 있거나 자살을 할 의도가 있음을 드러내는 징후를 말한다. 경고신호의 종류는 크게 언어적, 행동적, 정서적 범주로 구분한다. 2019년 심리부검면담 결과 보고서에 의하면 자살 사망자의 93.5%에게서 사망 전 경고신호가 있었다고 밝히고 있으나 실제 사망 전 경고신호로 이러한 변화를 인식한 경우는 22.5%뿐이다. 그렇다면 경고신호를 미리 알았던 22.5%의 사람들은 어떻게 대처했을까? '걱정은 하고 있었지만 자살할 것이라고 생각하지 않았다'는 응답이 가장 많았다. 뭔가 불안하긴 했지만 설마 했던 마음이었던 것이다.

50쪽이 넘는 심리부검면담 프로토콜을 따라가다 보면 면담 시간은 보통 두 시간이 훌쩍 넘어간다. 수많은 면담 질문에 대한 유족들의 응답을 분석하면 방대한 양의 결과들이 도출되며, 연말이 되면 이 중 핵심 결과라고 할 수 있는 것들만 정리하여 보도자료를 배포하게 된다. 당시 자살 예방정책 중 자살 예방 게이트키퍼 교육을 활성화시키고자 하는 노력이 있었고, 그런 맥락에서 2016년 심리부검면담 결과 중 '자살 경고신호'에 대한 결과는 이런 정책 과제를 활성화시키는 데 있어 좋은 근거가 되었다. 당시 담당 사무관이 야심 차게 내건 보도자료의 제목은 "그들은 도움의 신호를 보냈지만 우리는 알지 못했다"였다. 감성을 터치하는 듯한 제목과 심리부검면담이 뭐지? 하는 생소함이 어우러져 보도자료에 대한 반응은 뜨거웠다. 뉴스는 인터넷 포털 메인 화면에 오랫동안 머물렀고, 주요 뉴스 전 채널에서도 '자살 경고신호'를 보도했다. 이후 '자살하고 싶은 사람은 신호를 반드시 보내니까 우리는 그들이 보내는 신호를 면밀하게 보고, 듣고, 괜찮냐고 물어서 적절한 도움을 받을 수 있도록 합시다' 하는 교육을 전국적으로 하게 만드는 계기가 되었다. 그때 나는 우리가 분석해낸 결과가 많은 사회적 관심을 불러일으켰던 것에 기뻤을 뿐, 보도 내용에 대한 자살 유가족의 생각은 어떨까 생각해보지 못했다. 유가족의 항의 전화를 받을 때까지 말이다. '저렇게 신호를 보냈는데 왜 몰랐냐고 주변 사람들이 그렇게 저를 보는 것 같아요. 안 그래도 그 사람의 죽음을 막지 못했다는 생각에 괴로운데 저런 보도를 보면 사람들이 저를 어떻게 보겠어요?' 그분의 전화를 받고 기사의 댓글을 읽어봤다. 거기에는 전화를 거셨던 분과 비슷한 내용의 댓글들이 있었다.

심리부검면담 중 자살 경고신호에 대해 유족에게 질문할 때 먼저 죽음 직전 어떤 변화가 있었느냐고 물어본다. 그렇게 질문하면 자살 유가족 대부분은 없었다거나 잘 모르겠다고 응답한다. 그러고 나서 면담 프로토콜 부록에 있는 경고신호 목록을 보여드리면서 다시 여쭤본다. '자살 직전 흔히 보이는 여러 가지 변화들입니다. 하나씩 읽고 고인에게 해당되는 것이 있다면 체크해주세요'라고 말이다. 없었다, 모르겠다 하셨던 분들도 문항 몇 개를 꼽을 수 있다. 특히, 수면 및 식사 상태의 변화, 감정 상태의 변화는 유가족들이 가장 많이 체크하는 문항이다. 자살하려는 사람들의 약 94%가 경고신호가 있었다라고 보도했을 때 제시한 결과는 목록을 보여주고 응답한 결과를 분석한 것이다. 지금 죽고 싶은 마음이 없어 보이는 가까운 사람을 생각하면서 자살 경고신호 문항에 체크해봤다. 죽음에 관한 이야기를 자주 하고, 가끔 신체적인 불편함을 호소하기도 하고, 자기비하적인 말을 하며 무기력감에 빠지기도 한다에 체크할 수 있었다. 만약에 나와 가까운 누군가가 자살 경고신호 목록 속에 해당하는 변화를 실제로 보였다면 나는 어떻게 했을까? 혹시 너 자살할 생각을 하고 있냐고 물어볼 수 있을까? 잘 알고 있고 매번 가르치는 것처럼 자살에 대한 심층 평가를 한 뒤 도움을 받을 수 있도록 적극적인 노력을 했을까? 내가 만났던 대부분의 자살 유가족처럼 설마, 저러다 말겠지 생각할 뿐 뭔가 행동으로 옮기기는 어려웠을 것 같다.

상담실에 오는 자살 사별자들은 종종 고인의 사망 전 어떤 변화도 느끼지 못했지만 지금 돌이켜보면 모든 것이 경고신호였다고 이야기한다. 조심스럽고 민감한 이야기지만 나는 모든 자살이 100% 예방 가능하다고 생각하지 않는다. 소중한 생명을 지키기 위한 최선의 노력을 기울여야 하지만 인간이기 때문에 어쩔 수 없는 한계가 있다. 그리고 이미 자살로 누군가를 잃고 남겨진 사람에게 '경고신호가 있었군요'라는 말은 무의미하다. 자살하려는 사람의 세계는 살아 있는 사람의 논리로 해독되지 않는 지점이 있다.

죽음을 향해 가는 사람은 때로 주변 사람들이 쉽게 다가가기 어려운 어떤 난공불락의 막에 휩싸이는 것 같기도 하다. 일단 그 세계로 들어가면 사소한 것 하나까지도 자신의 결심을 지지하는 증거로 삼아 자살을 결행하게끔 만드는 동력이 되는 것이 아닐까?

첫 번째 모임을 마치며

시간이 어떻게 흘렀는지 모르게 두 시간이 지났다. 첫 모임에서 우리는 자살 사별자들이 가장 말하기 어려운 '그날'의 이야기로 시작했다. 내내 훌쩍였던 민이와 뭔가 불편한 표정으로 말을 잘 잇지 못하는 선이, 가장 적극적으로 말하고 질문하고 공감해주는 경이, 감정 표현이 익숙하지 않은 영이, 편안하게 모임을 이끌었지만 참여자의 어떤 말에는 마음이 걸려 순간 긴장한 듯 보였던 원이의 모습을 곁에서 지켜보았다.

모임의 마지막엔 참가자들이 오늘 느꼈던 감정과 생각

들을 나누었다. 리더 원이는 참여자들의 이야기를 들으며 잊고 있던 어떤 것들이 갑자기 떠올라 모임 중간에 너무너무 크게 울고 싶은 마음이 든다고 했다. 동생이 저녁 식사를 마칠 때까지 아빠의 죽음을 알릴 수 없었다고, 그냥 그렇게 하고 싶었다는 영이의 이야기를 듣고 원이는 동생이 죽고 난 직후 곧바로 자신에게 알리지 않아 한동안 부모님도 영이와 비슷한 마음이지 않았을까 하는 마음이 들었다고 했다. 그리고 자신은 이런 이야기들에 꽤 덤덤해졌다고 생각했는데 언제, 어떤 방식으로도 슬픔은 닥쳐올 수 있는 것임을 깨달았다고 말했다.

영이는 다른 참가자들의 이야기를 들으며 동생은 아빠의 죽음에 대해 어떤 생각을 하고 있을까, 어떤 마음일까 궁금해졌다고 했다. 민이는 모임 내내 많이 울었다. 너무 많이 울어서 정신이 혼미해지고 멍해진 상태를 고백했고, 참여자 중 사별 기간이 가장 긴 선이는 오랜만에 끄집어낸 그 기억과 감정들이 낯설고 힘들고 괴로웠다고 말했다.

자조모임은 다른 사람의 이야기를 들으며 내가 미처 생각해보지 못했던 다른 관계 속의 사람들에 대해서도 헤아리는 계기를 만든다. 그 사람과 나에게 비췄던 핀 조명이 그 사람이 맺었던 다른 관계들로 넓어지게 된다. 나도, 그들도 자살 사별자였음을 새삼 인식한다. 민이처럼 모임 참석 이후에 몸이 아픈 분들도 있다. 열이 오르거나 심장이 조이는 느낌이 들거나 정신이 멍해지는 경우도 있다. 마치 사별 직후 느꼈던 몸과 마음의 반응들이 재경험되는 것같이 말이다. 나는 참가자들에게 다음 주 모임 전에라도 감당하기 힘든 감정들이 올라오면 언제든 연락해달라고 당부했다. 오늘의 이야기가 그들의 일주일에 어떤 영향을 줄지, 다음 주에 어떤 모습으로 다시 모일지 궁금해졌다. 이렇게 우리는 애도 과정에서 꼭 들러야 할 가장 힘든 지점을 함께 통과했다.

"우리는 그냥 각자의 삶을 살고 있던 나날이었잖아요. 평상시와 비슷하거나 다르거나, 정말 소소한 일상을 살다가 준비하지 않은 채 갑자기 맞이한 일이었어요. 갑자기 떨어진 이상한 날 같은 그런 날이었어요."

"이렇게까지 돌이킬 수 없는 일이라는 게 제 평생에 또 있을까, 지금까지도 없었고, 앞으로도 있을 수 있을까? 죽음은 진짜 돌이킬 수 없는 거구나 깨달았어요."

2장

애도, '우리는 서로를 보고 있구나' 깨닫는 시간

두 번째 애도의 밤

함께 나누는 것의 힘을 조금씩 체험해가다

다행히 모두 모였다. 지난 한 주가 어땠는지 이야기하며 모임을 시작했다. 선이는 지난 모임 마무리에서 밝혔던 것처럼 오랜만에 헤집어놓은 느낌이 들어 그날 당일의 밤은 괴로웠고, 그다음 날부터 조금씩 괜찮아졌다고 했다. 아빠에 대해 말할 곳이 바로 여기 이곳밖에 없다고, 그래서 좋다고 했던 영이는 머리를 감다가 눈물이 났다고 했다. 순간 아빠가 힘들어했던 모습이 떠올라 눈물이 흘렀다고 했다.

고인이나 그날의 상황에 대해 기억하지 않으려 애쓰는 사별자들도 피해갈 수 없는 순간이 있는데, 바로 머리를 감거나 잠자리에 들기 전이다. 시야에 아무것도 들어오지 않아 도망갈 곳이 없는 그때, 그 사람이 갑자기 떠오르는 경험을 한다. 영이도 그랬다. 경이는 모임 시작 전 어머니와 갈등 상황에 있었고 이로 인해 상당히 불안정한 모습을 보였었다. 때문에 모임 참여 전 경이가 이 모임에서 괜찮을까 가장 많이 염려가 됐었고, 지난 모임 이후 일주일을 어떻게 보냈을지 가장 궁금했던 참가자도 경이였다. 다행히 경이는 언니의 이야기를 마음껏 이야기할 수 있어서 오히려 에너지가 생겼다며 지난 한 주의 소감을 밝혔다. 민이는 지난 시간 너무 많이 울어 정신이 멍했다고, 집으로 돌아가 눈물의 의미가 무엇일까 생각하며 글을 썼다고 한다. 그리고 '우리 오빠는 이런 사람이었어요'라고 다른 사람에게 소개한 것이 처음이었는데, 힘들긴 했지만 했어야 하는 어떤 의례를 마친 기분이었다고 한다.

원이의 말로 두 번째 모임을 시작한다.

"저는 우리가 서로를 지켜봐주고 그 감정을 나누고 변화하는 모습들을 발견해서 얘기해주는 것도 좋겠다 싶어요. 다른 사람들이 얘기해주면 어! 내가 이런 모습도 있었어? 그런 생각을 하게 되잖아요."

그 사람이 살았다는 흔적 지우기

: 법적, 행정적 기록

아직 '그 사람이 죽었다'라는 사실을 사실로 받아들이지 못한 채 유가족은 그 사람의 죽음을 확인하는 행정적 절차를 밟아야 한다. 주민센터에서, 고인의 직장에서, 은행에서, 보험회사에서, 국민연금공단에서, 휴대폰 서비스 센터에서 몇 번이고 그 사람이 사망했음을 말하고 서명해야 한다. 우리 사회에 생존하는 동안 고인이 가지고 있었던 권리와 의무는 이제 폐기되었다. 유가족은 고인이 이 세상에 있었다는 사실을 증명해줬던 기록과 생활반응(vital reaction)을 끊고 지워야 한다.

여러 가지 사정으로 한 달이 넘도록 남편의 사망신고를 하지 못했던 내담자가 있었다. 「가족관계의 등록 등에 관한 법률」 제122조에 따라 지연 과태료는 최대 5만 원까지 부과될 수 있다. 주저하다가 들어간 창구 앞에 서서 눈물이 터져버린 그분에게 창구 담당자는 '6개월이 지났는데 아직도 흘릴 눈물이 남았느냐'고 했다. 정신 차리고 빨리 너의 삶으로 돌아가라는 의도에서 나온 말이었겠지만 듣는 사람에게는 온통 비난처럼 느껴지는 말이다. 이어지는 그분의 말은 고인을 비난하며 원치도 않은 사별자 편들어주기였다. '내가 이런 사람을 이렇게 위로했어'라고 자위할 만한 말을 할 바에는 그냥 입을 다물고 있는 편이 훨씬 낫다. 어떤 곳이든 사망신고를 접수하고 확인해야 하는 일을 하는 분들께 당부하고 싶다. 자살로 인해 그 사람이 죽었다는 것을 신고해야 하는 사별자에게 "뭐라고요? 자살이라고요?"라고 되묻는 일만 하지 말기를, 섣불리 추측해서 사별자를 위로하지 말아주기를. 그즈음의 자살 사별자들 대부분은 자신에게 일어난 일이 무엇인지 실감하지 못한 상태인 경우가 많다. 조용하고 신속하게 접수해주면 충분하다. 죽음 이후 고인의 행정적, 법적 기록을 지우는 기간은 생전 생활에 따라 조금씩 다르지만 짧게는 한 달, 길게는 3개월 이상 걸리기도 한다. 그러나 고인의 자살이 법적 다툼의 여지가 있거나 고인의 재산이나 부채에 대한 상속 및 처리에 관한 복잡한 문제가 있을 경우 훨씬 길어질 수 있다.

민이는 오빠의 죽음이 과로자살이라고 생각했기 때문에 산재 신청을 하고 싶었다. 산업재해보상보험법 제37조 제2항은 "근로자의 고의·자해 행위나 범죄행위 또는 그것이 원인이 되어 발생한 부상·질병·장해 또는 사망은 업무상의 재해로 보지 아니한다. 다만, 그 부상·질병·장해 또는 사망이 정상적인 인식능력 등이 뚜렷하게 저하된 상태에서 한 행위로 발생한 경우로서 대통령령으로 정하는 사유가 있으면 업무상의 재해로 본다"고 규정하고 있다. '정상적인 인식능력 등이 뚜렷하게 저하된 상태'라는 것은 업무상의 과로와 스트레스로 인해 우울증과 같은 정신질환이 발병하거나 악화되어 '합리적인 판단을 기대할 수 없을 정도'를 의미한다. 고인이 생전에 업무상 과로로 인해 정신건강의학과 의무기록이 남아 있으면 그러한 기록을 제출할 수 있지만 기록이 없는 경우가 훨씬 더 많다. 민이의 오빠도 그랬다. 그런 경우라면 고인이 남긴 일기와 같은 생전의 기록들, 동료와 유가족의 진술로 '정상적인 인식능력이 뚜렷하게 저하된 상태'에서 자살에 이르렀음을 입증할 수밖에 없다.

죽음의 책임 소재를 법적으로 다투는 일은 고인의 '자살'이라는 마지막 챕터에 유가족을 계속 머무르게 만든다. 그 사람이 어떤 존재였고, 어떤 의미였으며, 그 사람으로 인해 나는 무엇을 잃어 슬퍼하는지를 충분히 느낄 만한 여지를 주지 못한다. 즉, 유가족의 애도 과정은 저 뒤로 미뤄지기 쉽다.

(민) 오빠 회사 측에서도 만나자고 해서 왜 우리를 만나려는 걸까, 어떤 얘기를 할까 이런 생각이 들어서 마음이 매우 바빴어요. 회사랑 만나려면 뭔가 좀 알고 정리를 해야 할 것 같아서요. 노무사도 만나보고 이런 쪽으로 알 만한 지인들한테도 물어보고요. 저는 아무것도 모르니까요. 마

음 조급하게 정말 여러 군데 연락 돌리고 알아보고 했어요. 그런데 다들 힘들다고만 이야기하지, 할 수 있다거나 어떻게 신청해야 하는지 실질적인 정보는 별로 주지 못했어요. 그러다가 신문 기사에서 '한국 과로사·과로자살 유가족 모임'이 있다는 것을 알고 찾아갔어요. 그곳에서 산재 신청과 관련된 구체적인 정보를 많이 얻었는데, 필요한 준비를 하려면 부모님의 동의가 필요하더라고요. 그런데 아직 부모님께 함께해보자고 말씀드리진 못했어요.

경이에게는 언니 재산의 상속 문제가 남아 있었다. 경이는 엄마를 대신해서 어린 시절 이혼한 아빠에게 언니의 죽음을 알리고 상속과 관련된 일을 처리해야 했다. 아빠를 만나기 전까지 언니의 죽음에 대해 아빠가 자신과 엄마를 탓하지 않을까, 상속포기를 하지 않으면 어쩌나 하는 걱정을 하기도 했다.

경 상속 문제는 정말 뭐가 너무 많더라고요. 상상도 못 했어요. 특히 저희 부모님은 이혼을 하신 상태였고, 그게 벌써 20여 년 전 일이니까. 저희 자매는 솔직히 아빠라는 존재가 기억 속에도 거의 없어요. 그런데 상속을 하려고 하면 언니는 자식도 없고 하니까 배우자랑 부모가 상속인인 거예요. 부모는 이혼했지만 자식 관계에서는 그게 자격이 되더라고요. 그것 때문에 제가 잊고 있었던 아빠한테 갑자기 연락해야 하는 상황이 된 거예요. 그게 정말 난처했어요. 먼저 언니 부고를 알려야 하고, 상속 설명을 하고, 인감을 가져오라고 해야 하는데 그게 너무 어렵더라고요. 언니 어린 시절에 아빠한테 받은 상처도 무척 크다고 생각했는데 정작 아빠를 만났을 때 언니 죽음이 너네 때문이다라는 식으로 얘기를 하는 걸 보고, 너무 황당하고 그냥 끔찍했어요. 수십 년 동안 연락 한 번 안 한 사람을 찾아가서 뭔가 도장을 받아야 하는 그 상황이 정말 너무 힘들었어요.

다른 죽음에 비해 자살은 법적, 행정적 처리가 조금 더 복잡해지는 경우가 많다. 이렇게 고인의 자살 사망 후 법적, 행정적 처리가 복잡한 유가족의 경우 '자살 유족 원스톱 서비스 센터'를 통해 고인의 사망으로 발생하는 법률 관련 상속, 상속포기, 상속한정승인 지원 및 노무사 상담료 지원을 받을 수 있다. '자살 유족 원스톱 서비스 센터'는 어느 자살 유가족의 적극적인 정책 제안으로 2019년부터 시작되었고 광주, 인천, 원주 지역 등 일부 지자체에서 시범사업으로 시작해 점차 확대할 계획을 갖고 있다고 한다. 황망한 상태에서 이곳저곳을 배회하지 않고 한곳에서 법적, 경제적, 심리적 지원을 받을 수 있도록 하겠다는 센터의 설립 취지는 훌륭하다. 그러나 모든 자살예방정책이 그렇듯 운영예산이 턱없이 부족한 상태에서 실효성 있게 센터가 운영될 수 있을까에 대해서는 지금은 회의적이다.

애도 상담을 시작하기 전에 항상 법적, 행정적 절차 중 마무리하지 못한 것이 있는지 꼭 여쭤본다. 마무리되지 못한 대부분의 것들은 고인이 남긴 재산이나 부채에 관한 것이다. 상담에 온 사별자가 이런 문제들을 직접 처리해야 할 당사자라면 애도 상담은 조금 천천히 시작해도 괜찮다. 남편의 자살 이후 남편의 직장과 싸우면서 동시에 각종 재산 처분 문제로 시댁과 최고조의 갈등 속에 있었던 내담자분이 있었다. 상담 시간 대부분은 부동산 처분과 세금에 대한 이야기였다. 사별 직후 발생하는 경제적인 문제들은 애도 과정의 모든 이슈를 순식간에 빨아들이며 어떤 이야기도 경제적인 문제로 이어지게끔 만든다. 그만큼 중요한 문제이고 우선적으로 정리되어야 할 문제이며 그래야 애도의 감정에 온전히 집중할 수 있다.

죽음 직후 나의 일상, 마주한 나의 슬픔

장례식을 마치고 사별자들은 그 사람이 없는 일상으로 돌아온다. 그 사람만 없을 뿐 모든 것이 그대로인 공간이다. 경조 휴가를 마치고 영이는 회사에 출근했다. 일어나면 나갈 곳이 있고, 가면 할 일이 있다는 것이 영이에게는 오히려 그 시간들을 버티는 힘이 되었다고 했다. 하지만 아빠의 장례식에 맞춰 잠시 퇴원했던 엄마의 증상이 다시 나빠지고, 처음으로 아빠를 대신해 엄마를 입원시키면서, 영이는 엄마를 돌봤던 아빠의 삶에 대해 생각하니 슬펐다고 했다. 그리고 이제 그 역할을 자신이 모두 해야 한다는 생각에 막막했다고 덧붙였다.

(영) 엄마가 입원하고 동생은 출퇴근 시간이 저랑 달라서 집에서 마주칠 일이 별로 없으니 거의 대부분 혼자 집에 있었어요. 그런데 혼자 밥 먹는 게 그렇게 싫더라고요. 나 혼자 나를 위해서 내 배를 채우기 위해서 뭔가를 사 먹고 해 먹는다는 게 너무 싫었어요. 그냥, 사는 게 의미 없다, 부질없다, 그런 느낌이었던 것 같아요. 진짜 어디 동굴 같은 게 있으면 숨어서 안 나오고 싶었는데 돈은 벌어야 하니까 회사에 꼬박꼬박 나가기는 했어요. 그런데 그게 조금 도움이 됐던 거 같아요. 당시에는 아무 데도 안 가고 그냥 진짜 누워서 잠이나 자고 그러고 싶었는데 억지로라도 어딘가는 가야 하는 루틴이 있다는 게, 지금 생각해보면 도움이 됐어요.

민이는 돌아온 일상에서 끊임없이 뭔가를 했다. 오빠의 숙소에 가서 유품을 정리하고 오빠의 유서를 확인해서 보험금을 처리했다. 부모님이 걱정되어 지역 자살예방센터 심리상담도 알아보았다. 오빠의 보험 담당자가 '충분히 휴식을 취한 다음 처리해도 괜찮다'고 얘기하는 것을 듣고 나서야 뭔가를 조급하게 하려고 하는구나 느꼈다. 원이도 동생의 죽음을 밝히는 것에 대해 조급했다. 뭔가를 빨리 알아내야 한다는 생각으로 내내 동생 방에서 동생이 남긴 흔적을 찾고 읽고 찾고 읽고를 반복했다.

원 사실 뭔가 해야 한다는 조급함이 뭐랄까, 실제 해야 할 일이 많아서 그런 것 같기도 하지만 저한테는 어떤 방어기제로서 나타난 것 같기도 해요. 내 자신을 이런 많은 짐들 속에 놔두면 안 될 것 같은 그런 마음이요. 이 죽음의 미스터리도 파헤치고, 죽음에 영향을 받은 사람들을 돌보고, 죽음에 관련된 행정적인 처리들도 해야 하고요. 전부 내 짐으로 가져가서 해결하려고 하는 경향이 저는 많았던 것 같아요.

경이는 사십구재를 지냈다. 언니의 친구들도 그 기간 내내 함께해줘서 그때는 외롭지 않았다. 스님은 경이에게 사십구재를 마친 후가 더 힘들 거라고 했고, 스님의 말처럼 모든 것이 다 끝난 것 같은 공허함이 밀려왔다. 선이는 동생의 장례를 치르고 자기 일상으로 돌아가 한동안 괜찮은 듯 생활했지만 몇 개월 후 뒤늦게 알 수 없는 감정이 올라왔다.

경 정말 다 끝난 것 같은 느낌, 이제는 다시는 못 볼 것 같은 느낌이요. 그게 완전히 실감이 나면서 공허했어요. 그래서 그런지 그 이후에 제가 좀 난폭해지는 걸 느꼈어요. 막 감정이 주체가 안 되고 화도 많이 나고 짜증 나고 사소한 일로도 사람들하고 자꾸 싸우려고 하고, 그런 시기를 3~4개월 정도 보냈어요. 그래서 이 상태로는 도저히 직장 생활을 하기 어려울 것 같다는 생각이 들어서 휴직했어요. 그 결정은 정말 잘한 것 같아요. 1년 정도 쉬면서 언니에 대한 생각과 직접적으로 대면을 하면서, 물론 어렵지만 언니 생각을 하면서 하루하루 지내고 있는 것 같아요.

선 동생 죽음 이후에 몇 개월 동안 그렇게 지내다 보니 제가 생각보다 괜찮구나라는 생각을 했어요. 아무렇지도 않구나. 이렇게 살면 되겠구나 그렇게 생각을 했었는데 다시 몇 개월 뒤에 갑자기 너무 그냥 다 아무것도 못 하겠다는 생각이 들었어요. 그래서 다시 부모님 댁에 들어갔어요. 집에 들어가서는 한 달 정도 그냥 쉬었어요.

사별 이후 애도의 고통에 대처하는 방식은 사람마다 다르다. 상실에 빨리 적응하고 삶을 회복하기 위해 적극적인 사람도 있고, 상실 경험에 동반되는 감정을 느끼고 표현하는 사람도 있다. 이 두 가지 과정 모두 애도의 중요한 축으로, 어느 한쪽에만 치우치지 않아야 한다. 애인을 자살로 잃은 지 2주 만에 애도 상담에 찾아온 내담자가 있었다. 자살로 누군가를 잃은 사람들이 오랫동안 힘든 시간을 보낸다고 들었다며 하루빨리 '연착륙'하고 싶다고 했다. 비행하던 물체가 착륙할 때, 비행체나 탑승한 생명체가 손상되지 아니하도록 속도를 줄여 충격 없이 가볍게 내려앉는 것이 연착륙이다. 애도 상담을 통해 충격을 줄이고 마음의 상처를 최소화하고 싶다는 말이다. 아내를 잃은 남편은 "아내를 빨리 잊고 싶습니다. 몇 가지 팁을 좀 얻고 싶어요"

라고 요청하며 찾아왔다. 애도 상담에 오는 내담자들은 제대로 슬퍼하고 기억하고 싶은 분들보다 빨리 고통을 끝내고 회복하여 자기 삶으로 돌아가고 싶어 하는 분들이 조금 더 많다.

민이는 오빠의 죽음을 빨리 이해하고 정리하길 원했다. 필요한 애도 과업이 있다면 빼놓지 않고 모두 다 해치워버리고 싶어 했다. 경이는 언니 죽음이 준 상실 경험이 감정에 좀 더 머무르길 원했다. 그리워하고 슬퍼하고 아파하는 시간이 경이에게 필요했고 그래서 휴직을 했다. 적응과 회복의 축만 작동하는 사별자는 고인의 죽음이 사별자에게 남긴 감정을 보고 그 감정을 이야기할 수 있어야 하며, 상실의 아픔에 싸여 자신의 삶을 돌보지 않으려는 사별자에게는 회복과 적응의 축이 작동되어야 한다. 애도는 이 두 축이 맞물려 함께 돌아가는 과정이다. 처음에는 삐걱댈 것이다. 애도 상담은 삐걱대는 곳에 기름을 칠하는 일인 것 같기도 하다.

나의 애도와 너의 애도는 다르다

: 가족의 애도

"자식이 죽었는데 어쩜 저렇게 아무렇지 않을 수 있죠? 지금 시부모님 생신 챙기는 게 중요한가요? 너무 화나고 이해가 안 갑니다."

자식을 잃은 엄마의 말이다. 아침에 밥을 먹고, 출근을 하고, 매일 밤 술을 먹고, 주말에는 시댁에 들러 부모님을 챙기는 남편에 대한 분노와 원망을 쏟아낸다.

"저렇게 넋 놓고 매일 울고불고하면서 남은 애를 신경 안

쓰면 어쩝니까? 산 사람은 살아야 하지 않겠습니까? 같이 부둥켜안고 해서 죽은 애가 살아옵니까."

자식을 잃은 아빠의 말이다. 식음을 전폐하고 밤낮없이 통곡하며 시댁이며 친정과 모든 관계를 끊고 누워 죽은 아이 생각만 하는 아내에 대한 원망을 쏟아낸다.

"저는 엄마가 너무 걱정돼요. 저러다 잘못될까 봐. 아빠는 뭔가 힘들어 보이긴 하는데 절대 아무 얘기도 안 해요. 아무렇지 않은 척, 씩씩한 척 안 그랬으면 좋겠어요. 그러다가 별거 아닌 일로 다투세요. 분위기가 너무 숨 막혀요. 제 앞에서 조심하는 척은 안 했으면 좋겠어요."

형제를 잃은 남겨진 형제의 말이다. 정도의 차이는 있지만 미혼 자녀를 자살로 잃은 가족들이 사별 직후 한동안 겪게 되는 가족 갈등이다.

죽음에 대한 애도 반응은 가족 구성원이 고인과 맺고 있었던 관계에 따라 고유하고 서로 매우 다르며, 때로는 서로의 반응을 이해하지 못할 수도 있다. 나는 종종 내담자들에게 서로 이해하기 힘든 자기 몫의 고통이 있다고 말씀드린다. 가족이라고 해서 모든 것을 다 알고 있는 것은 아니다. 엄마가 알고 있는 것과 아빠가 알고 있는 것, 형제가 고인에 대해 알고 있는 것이 조금씩 다르다. 어떤 이는 엄마보다 아빠와 좀 더 친할 수 있고, 때로는 부모보다 형제와 마음을 더 나눴을 수도 있다. 게다가 어떤 가족 구성원은 감정을 표현하는 방식으로, 어떤 가족 구성원은 감정을 삼키는 방식으로 애도할 수 있다. 나와 똑같지 않다고 해서 슬프고 고통스럽지 않은 게 아니지만, 그런 이유로 다른 가족을 원망하기도 한다.

(민) 엄마가 가장 불안했어요. 엄마 잘 보살피면서 (여행지에서) 돌아오라는 아빠 말도 있었고 장례식장에서 친인척들도 모두 엄마가 제일 힘들 거야라는 말을 많이 했어요. 제 생각도 그랬고요. 그래서 엄마를 불안한 마음으로 계속 예의 주시하면서 엄마가 정말 괜찮을까 하는 마음으로 계속 집에 있었던 것 같아요. 그리고 아빠가, 그동안 우리가 서로

에게 너무 소홀하지 않았느냐고 하면서 최소한 한 달에 한 번은 모여서 밥을 같이 먹자고 하셨어요. 우리 가족이 그런 시간조차 없지 않았느냐고 하시면서요. 그래서 끼니 때마다 밥을 같이 먹으려고 하고 최대한 같이 있으려고 한 것 같아요. 같이 있는 시간 동안 서로를 딱히 막 위로해주진 않았는데 그러지 않아도 얼굴만 봐도 눈물이 많이 나긴 하니까 좀 그렇긴 했어요. 밤에 엄마 혼자 방에서 통곡하는 소리가 나고 찬송가 부르면서 우는 소리도 나고, 그런 소리를 들으면서 나도 울고 그랬던 것 같아요.

경 형제자매를 떠나보낸 사람은 대부분 비슷할 것 같아요. 나는 형제자매를 잃은 거지만 부모님 입장에서는 자식을 잃은 거니까. 나보다도 훨씬 더 힘들지 않을까, 고통의 깊이가 훨씬 깊지 않을까, 이런 생각들을 정말 대부분 하셨을 거라고 생각해요. 저도 그랬어요. 그래서 처음에 저는 앞으로 내가 헌신하고, 내가 희생해야겠다는 생각을 했었어요.

원 동생이 죽고 난 직후에는 한동안 엄마랑 아빠랑 기억이 없는 것처럼 행동하셨던 것 같아요. 정말 기억이 안 나나 그런 생각도 했어요. 그때 부모님은 완전히 패닉 상태였거든요. 동생이 죽은 그날 무슨 일이 있었을까, 그 일만 반복적으로 생각하고 그 전까지 우리가 함께 보낸 시간이나 이런 것들은 모두 잊었던 것 같아요. 누구와도 아무 말도 할 수 없는 그 상태에서 저는 저 혼자 죽음을 파헤치려고 했어요. 저는 저를 돌봐야 한다는 생각보다는 엄마를 돌봐야 한다는 생각만 계속했어요. 엄마가 죽을까 봐 너무 걱정이 됐어요. 무당을 찾아가보기도 했어요. 엄마가 죽지 않게 하기 위해 내가 뭐를 해야 하나 막 그런 거 물어봤어요. 그런데 아까 민이 님이 말씀해주셨지만 장례식장에서 그런 말을 진짜 많이 들어요. '네가 이제 가족을 챙겨야 한다. 네가 이런저런 일들을 해결해야 한다. 네가 잘 살아야 엄마 아빠가 산다.' 이런 얘기들 말이죠.

원이와 민이, 선이, 경이는 사별 직후 한동안 부모님을 걱정했다. 원이와 경이는 사별 전 부모와 썩 좋았던 사이는 아니었지만 자식을 잃은 아픔이 형제를 잃은 자신의 아픔보다 클 것이라 생각해 엄마를 돌봤다. 참가자들 모두 장례식장에서부터 친인척들에게 이야기를 들었다.

"네가 엄마 아빠 잘 챙겨야 해."

"네가 잘해야 엄마 아빠가 사는 거야."

그 시기 부모는, 남겨진 자식이 나를 걱정하고 돌보고 있었다는 사실을 잘 알지 못한다. 남편을 잃고 힘겨워하던 아내가 청소년 자녀에게 이런 말을 한 적이 있다.

"네가 성인이 되면 아빠랑 같은 날에 엄마는 떠날 거야. 네가 제사 지내기 쉽게 말이야."

그분의 자녀는 상담 중에 펑펑 울며 그 말이 너무나 공포스러웠노라 이야기했다. 하지만 당사자는 그 말을 기억하지 못했고, 아빠에 대한 애도보다 엄마를 잃을지도 몰라 두려워했던 딸의 시간을 뒤늦게 알고 마음 아파했다.

한동안 언니를 대신해 엄마를 돌봐야 한다고 생각했던 경이는 심리상담에서 '엄마는 자식을 잃었고 당신 역시 언니를 잃었다'는 얘기를 듣고 큰 위로가 됐다. 엄마가 언니의 역할을 대신할 수 없듯이 경이 역시 언니를 대신할 순 없는 것이라 깨닫고 엄마를 돌봐야 한다고 생각했던 마음의 무거움을 조금 덜게 되었다고 했다. 내가 잘한다고 해서 누군가의 빈자리가 영원히 채워질 수 없음을, 내가 뭔가를 한다고 해서 겪어야 할 부모의 고통이 사라지는 것이 아님을 이들은 깨달았다.

가족과 그 사람에 대해 이야기할 수 있을까

자살은 남겨진 사람의 모든 대인 관계를 완전히 뒤바꿔놓기도 한다. 어떤 이는 '자살은 가족 관계에 대한 공격'이라고 했다. 애도 과정에서 사별 이후 가족 내에서 벌어지는 역할 변화와 긴장, 갈등을 받아들이고 적응하는 것은 매우 중요하다. 고인이 있을 때의 그 가족 관계로 자꾸 돌아가려고 한다면 애도의 고통은 배가되기도 한다. 가장 바람직한 것은 각자가 겪고 있는 고통을 자유롭게 이야기하고 위로받는 것이겠지만, 그렇게 하면 행여 상대방에게 큰 상처가 될까 싶어 이야기하지 못한다. 그렇게 각자의 방에서 서로를 관찰하면서 혼자 아파하다, 원망하다를 한동안 지속한다.

나는 가족 구성원을 자살로 잃고 남겨진 가족들이 각자의 방에서 홀로 있는 시간이 필요하다고 생각한다. 그 시간을 존중해주어야 한다. 그래야 시간이 흐르고 문을 열고 나와, 나는 이런 아픔이 있었노라 터놓을 수 있다. 사별 직후에는 자신의 고통이 고인 때문인지, 고인을 잃고 아픈 나 때문인지, 누구 때문인지 온통 엉켜 있다. 홀로 있는 시간 동안 누구도 아닌 고인과 나의 관계에만 집중할 필요가 있다. 그러기 위해서는 가족이 아닌 친밀한 타인, 또는 전문가가 도움이 된다.

(선) 저희 엄마는 일상에서 동생 얘기를 많이 하셨어요. 그게 좀 힘들 정도였어요. 엄마가 동생한테 미안했던 거에 꽂혀 있는 게 있으셨어요. 예를 들면, 과일을 먹는데 동생이 복숭아를 너무 좋아했는데 좋은 거 못 사주고 떨이로 나와 있는 복숭아를 사다준 거 그런 거요. 그게 너무 미안하다는 얘기를 몇 번씩 하고, 음식을 보면 이거를 동생이 참 좋

아했었는데, 그런 얘기들을 툭툭 자주 하셨어요. 그런데 저는 동생에 대해 뭔가 말하고 싶은 게 있어도 말하면 울 것 같았어요. 그런 모습은 또 보이고 싶지 않아서, 생각이 나도 참거나 아니면 그냥 마음이 좀 괜찮을 때 한두 마디 하는 정도였어요. 아빠도, 엄마도 동생의 죽음에 대해 어떻게 생각하고 있는지 궁금하긴 한데 여쭤보진 못하겠어요.

원 저희 집은 동생에 관해 이야기하는 게 정말 너무 힘들었어요. 부모님과 동생에 대해 얘기를 시작한 게 정말 얼마 안 됐거든요. 좀 편안한 방식으로 말이죠. 동생이 이런 것도 좋아했고, 우리가 저런 것도 먹었고, 언제 어디를 놀러 갔을 때 이런 일들도 있었지, 이런 얘기를 할 수 있게 된 것은 최근 일이에요.

경 저는 엄마와는 언니 얘기를 하고 싶지 않았어요. 엄마에 대해서는 물론 안쓰럽고 불쌍하기도 하면서, 동시에 너무 싫은 감정이 아직 많이 들어요. 나한테 언니를 빼앗아 간 사람이라는 생각도 들었다가, 저 사람도 자식을 잃어 참

슬프겠다, 이런 생각도 들고. 양가감정이라고 해야 할까요. 결론은 엄마와 얘기하고 싶지 않아요. 앞으로도 안 할 것 같아요.

(민) 저는 부모님이 어떻게 지내시는지, 마음은 어떠신지, 주변에 얘기를 나눌 사람은 있는지, 궁금한데 못 물어보겠어요. 저도 제가 왜 못 물어보는지 잘 모르겠어요. 묻다가 제가 울음이 터질까 봐 그런 건지, 아니면 부모님이 혹시 무너지는 모습을 제가 볼까 봐 그게 싫은 건지, 뭐가 무서운 건지 잘 모르겠어요. 저는 오빠가 가고 나서 애도 일기를 제 블로그에 비공개로 계속 썼었어요. 엄마는 오빠 카톡에 매일 글을 썼더라고요. 그걸 보고 엄마 마음을 좀 알 수 있었는데. 이렇게 간접적으로 서로 괜찮은지 살피고만 있지, 직접적으로 말을 하진 못하고 있어요. 이런 게 좀 아쉬워요.

(원) 동생이 왜 그런 선택을 할 수밖에 없었는지 엄마는 엄마대로, 저는 저대로, 아빠는 아빠대로 생각을 하고 있다

는 걸 아는 게 도움이 됐어요. 서로 얘기하지 않았다면 전 여전히 부모님에 대해 제멋대로 분노를 쏟아내고 있었을 거예요. 동생에 대해 이런 얘기들을 부모님과 하면서 좀 더 일상에서 편하게 대화하기 시작한 것 같아요. 가족과 죽음 이야기를 한다면 걷잡을 수 없거나 수습할 수 없는 상처가 터져 나오는 게 아닐까 생각하면서 두려운 마음이 드는 것도 이해가 가요. 저도 그랬으니까요. 그런데 한편으로 어떤 감정들은 봇물 터지듯 그냥 나오도록 하는 게 낫지 않을까 그런 생각도 들어요. 그리고 막상 해보면 두려움만큼은 아니라는 걸 말씀드리고 싶어요. 물론 처한 환경은 다 다르겠지만 갈등을 피하지 않고 통과하니 저 같은 경우는 좋은 계기가 됐고, 지금은 예전보다 부모님과 많이 편해졌어요.

혼자만의 충분한 시간이 흐른 뒤 가족끼리 고인의 죽음에 대해 얘기할 때 불편한 역동이 드러나게 마련이다. 이 불편함은 피할 수 없으며, 말을 하지 않는다고 해서 불편함이 사라지는 것도 더더욱 아니다. 심리부검면담을 하기 위해서 만났던 가족이 있었다. 알코올 문제와 우울증을 앓고 있던 아버지가 자살한 이후 꽤 긴 시간이 지났고 면담에는 배우자와 성인 자녀가 참여했다. 면담은 자녀가 신청했는데 대부분 심리부검면담을 신청하는 자살 유족의 사유와는 조금 달랐다. 대부분 심리부검면담 신청자들의 신청 사유는 '죽음의 이유를 알고 싶다'였는데 이분은 어머니가 잘 지내고 계신지, 힘드신 점은 없는지 확인하고 싶어 면담에 함께 오고 싶다는 것이었다. 아버지 사망 이후, 집 안에서 대화는 사라졌고, 특히 아버지에 대해서 어머니와 아들은 한 번도 이야기하지 않았다. 어머니는 아무도 만나지 않고 집에만 있었다. 아들은 출근할 때마다 어머니가 걱정됐었다. '괜찮겠지, 별일 없겠지' 생각하며 자신을 안심시켰지만 업무를 하다가도 갑자기 불안과 공포가 밀려와서 힘들었던 시간이 있었다. 사별 직후 아들은 노래방에서 혼자 울거나 욕실에서 수도꼭지를 틀어놓고 울었던 시간이 있지만 이런 모습을 결코 어머니에게 보여준 적은 없었다. 아들은 매일 술을 한잔하지 않으면 잠을 잘 수 없는 상태가 되었고 건강은 점점 나빠지고 있었다. 면담에 참여한 어머니는 매일 술을 먹는 아들이 걱정됐지만 모른 척했다. 걱정된다고 말을 하면 아들이 남편에 대해, 남편의 죽음에 대해 이야기를 할까 봐 피했다. 어머니는 아들이 모르는, 그리고 몰랐으면 하는 당신의 남편과 남편 죽음에 대한 이야기를 털어놓았다. 그동안 어머니는 그 이야기의 무게에 눌려, 자신의 마음도 아들의 마음도 돌볼 수 없었다. 하지만 아들은 어머니가 몰랐으면 하는 그 얘기를 이미 알고 있었으며, 아들에게 아버지는 그냥 아버지였다.

자살 사별자들에게 자주 소개하는 〈이블린(Evelyn)〉(2019)이라는 다큐멘터리가 있다. 감독은 13년 전 동생 이블린을 자살로 잃었다. 삶과 죽음이 넘나드는 분쟁 지역 전문 다큐멘터리 감독이었지만 정작 동생의 죽음과 그 이름은 아프고 고통스러워 한 번도 입에 올린 적이 없었다. 동생과 갔었던 여행지를 엄마와 형제들이 함께 걸으며 내내 이블린과 이블린의 죽음 이후 느끼고 생각했던 각자의 마음을 이야기한다. 엄마와 걷기도 하고 이혼한 아빠를 만나기도 한다. 중간에 이블린을 아는 친구들이 합류하기도 하고 우연히 만난 사람들과 그들이 겪은 자살 사별 경험을 듣고 그들에게 이블린에 대해 이야기하기도 한다. 여행이

끝났지만 이블린의 가족들은 치유와 회복의 느낌을 받지 못했노라 고백한다. 그러나 달라진 것이 있다. 여전히 아프긴 하지만 이제 이블린의 이름을 부르고 그에 대한 기억을 함께 나누는 것이 두렵지 않게 된 것이다. 이블린을 이야기하기 위해 여행을 떠났던 가족들은 여전히 그들 속에 존재하는 가족 이블린을 확인했고 남겨진 가족들의 기억을 새롭게 쌓았다. 가족 구성원의 죽음으로 완전히 정지해버린 것 같은 가족들의 역사는 다시 흘러가야 한다. 그리고 고인의 이름을 지우지 않고도 가족의 이야기는 계속될 수 있다.

고인이 자살했다는 것을 타인에게 알릴 것인가

많은 자살 사별자들이 장례식장에 온 조문객들에게 고인의 죽음을 자살이 아닌 교통사고, 돌연사로 알리지만 위로조차 못 하는 숨 막히는 분위기, 뭔가를 감추려 애쓰는 분위기 때문에 조문객들은 유족이 말한 그 사인이 아님을 금방 알아채곤 한다. 남편의 자살을 교통사고로 알린 아내가 있었다. 몇몇 조문객은 교통사고 정황을 물었다. 어떤 사고였는지, 얼마나 다쳤었는지, 가해자는 누구인지, 가해자는 어떤 처벌을 받았는지, 보험금은 얼마인지 같은 질문들 말이다. 아내는 그런 상황이 괴로워 빨리 장례식이 끝나기만 바랐다고 했다. 조문에 가서 고인의 사망 원인, 경위를 상세히 묻지 않는 것이 예절이지만 자기의 궁금증을 해소하는 것이 더 중요한 사람들은 언제나 있기 마련이다.

영이는 아주 가까운 친척을 제외하고 아빠의 죽음을 병사로 알렸다.

(영) 저는 아빠가 자살했다는 것을 아무에게도 얘기하지 않았어요. 그냥 지병이 있어서 돌아가셨다고만 했어요. 아빠 쪽 친척들 몇 분한테는 제가 경황이 없는 시기에 전화를 받아서 그냥 사실대로 얘기했어요. 자세히 얘기해보라고 그러셔서요. 그런데 마음이 조금 가라앉고 장례식장에서는 아무한테도 얘기하지 않았어요. 그냥 숨겨야겠다는 생각이 강하게 들었던 것 같아요.

장례식장에서뿐만 아니라 고인의 죽음을, 때로는 사인을 말해야 하나, 하지 말아야 하나 하는 순간은 사별자의 삶에서 계속 반복된다. 우리 사회는 타인의 가족 관계를 확인한다. 진학을 하고, 취업을 하고 새로운 누군가를 만날 때마다 사별자들은 갈등한다. 죽었다고 해야 하나, 살았다고 해야 하나, 죽었다면 자살이라고 해야 하나 말아야 하나. 어떤 사별자들은 고인이 외국에 나갔다거나 군대를 갔다거나 하는 식으로 죽음 자체가 없었던 것처럼 숨기기도 한다. 죽은 형제를 살아 있다고 한 사별자는 '너희 언니는 어느 학교 다녀? 우리 언니도 너희 언니랑 동갑이야' 같은 친구들의 질문이 괴롭다고 했다. 직계가족끼리 하루 만에 장례를 해치우고 친척들에게는 고인이 외국 연수를 갔다고 둘러댄 유족은 명절이 싫었다. 명절을 지내려 우르르 몰려오는 친척들을 막을 수도 없었고, 그때마다 외국에서 돌아오지 않는 고인에 대한 이야기를 지어내야 했기 때문이다. 어느 순간 친척들은 고인에 대해 묻지 않았다. 그래도 고인이 생전에 쓰던 방은 언젠가 고인이 외국에서 돌아와 곧 사용할 것인 양 그대로 남아 있었다. 산 것도 죽은 것도 아닌 채로 고인은 그렇게 자기의 방에 갇혔다.

고인이 '스스로 목숨을 끊었다'라는 사인을 말해야 하는가, 말해야 한다면 어디까지 말해야 하는가, 말을 해야 하는 대상은 어디까지인가를 결정하는 것은 매우 어려운 문제 중 하나이다. 때로는 가족 구성원 내에서도 누군가에게는 고인의 사인과 죽음 정황이 비밀인 경우가 있으며, 고령의 가족 또는 어린 자녀들이 종종 그 대상이 된다. 사별자 주변 모든 사람들에게 고인의 사인을 밝히고 설명해야 할 필요는 없다.

여전히 우리 사회에는 자살에 대한, 자살자에 대한, 자살 사망자의 가족에 대한 오해와 무지, 편견이 존재하기 때문이다. 그러나 충분한 시간을 두고 건강하게 애도한 자살 사별자들은 가까운 사람들에게 고인의 죽음과 관련된 어떤 사실을 감추지 않고 이야기했던, 그때의 결정이 없었다면 지금 더 힘든 시간을 보내고 있을 것이라고 말한다.

물론 어떤 방법이 더 옳고 어떤 방법이 그르다고 말할 순 없지만 사실을 밝혔을 때 이점이 있다. 누가 얼마만큼 고인의 죽음에 대해 아는지 모르는지 살피기 위해 심리적 에너지를 낭비할 필요가 없으며, 혹시나 내가 아닌 다른 사람이 그 사실을 가까운 사람에게 알릴까 봐 걱정할 필요가 없다는 것이다. 그리고 무엇보다 가장 중요한 것은 가까운 사람들이 그 사실을 알고 있어야만 비로소 사별자에게 필요한 지지와 위로를 보낼 수 있다는 점이다.

(원) 사실 저는 주변 친구들에게 동생의 죽음에 대해 말을 많이 했어요. 그냥 그때 제가 너무 패닉 상태였고 그래서요. "내 동생 자살했어" 이렇게 이미 너무 말을 많이 했어요. 그래서 웬만한 친구들은 모두 알고 있었어요. 친구들 도움도 많이 받고 의지도 했어요. 그런데 오히려 제가 신경 쓰이는 사람들은 같은 아파트 주민들이었어요. 집에 가는 엘리베이터를 탈 때 저희가 가는 층을 누르면 사람들이 다 그 집 사람이라고 저를 알 것 같은 거예요. 그렇다고 집집마다 가서 뭔가 설명할 수는 없고요. 그런 신경은 여전히 좀 많이 쓰는 것 같아요. 우리 집인 걸 알면 어쩌지, 그런 식의 두려움 같은 게 있어요. 오히려 가까운 사람들한테나 지인들한테 말하는 것은 지금 많이 편안해졌어요. 예전에는 제가 '내가 이런 말을 해서 그 사람들이 나에게 상처 주는 반응을 하면 어쩌지' 하는 신경을 많이 썼는데, 지금은 확실히 그런 신경은 덜 쓰는 것 같아요.
동생 죽음 이후에 새롭게 알게 된 사람들과는 얘기하다 보면 자연스럽게 가족 얘기가 나올 때가 있잖아요. 그럴 때는 내가 이런 이야기를 하는 것이 안전한가, 내가 괜찮을까 이런 생각을 하고, 그렇다고 판단되면 얘기를 했어요. 물론 이 과정에서 시행착오도 많았어요. 동생 죽음 직후 초반에는 뭔가 내가 겪은 일을 다 설명해야 할 것 같은 마음에, 친구나 지인들한테 말을 하면서도 '아, 이건 아니다, 괜히 말했다' 이런 느낌이 들 때도 있었고, 어떨 때는 '아, 말하길 잘했다, 괜찮다' 이런 느낌이 들 때도 있었어요. 그러다 보면 점점 어떤 상황, 누구한테 말하는 것이 괜찮다라는 판단을 할 수 있게 되는 것 같아요. 그리고 그런 얘기를 했을 때 상대방이 공감적으로 듣는 듯한 느낌, 그게 뭐냐면 너무 지나치지도 부족하지도 않게 진심이 느껴질 때가 좋았던 것 같아요. 저보다 더 앞서서 막 울거나 불편해하거나 부담스러워하는 것이 아니라 진짜 마음과 만나줄 때, 그 상대방이 참 고맙고 그랬던 기억이 나요.

중국 속담에 '당신의 슬픔의 새가 머리 위로 날아드는 것을 막을 수는 없지만, 머리 위에 둥지를 틀지 못하게는 할 수 있다'라는 말이 있다. 고인의 죽음을 있는 그대로 인정하고 말할 수 없다는 것은 사별자의 머리 위에 고통의 둥지를 짓는 첫 가지를 올려놓는 것 같다는 생각이 들곤 한다. 평생 무겁게 고통의 둥지를 이고 다닐지 말지는 누구도 강요할 수 없는 본인의 선택이지만 한 가지 확실한 것은 자살 사별자의 슬픔이라는 것은 혼자 감당하기엔 크고 무겁다는 것이다. 자살자로만 고인을 정의하지 않았으면 좋겠다. 그리고 고인에 대해 함께 이야기 나눌 누군가가 자살 사별자 곁에 반드시 함께했으면 좋겠다.

타인의 위로에 대해

일정 기간 휴가를 마치고 학교나 일터로 복귀해야 하는 사별자들의 공통된 고민이 있다. '어떤 얼굴로 사람들을 만날 것인가?' '내가 답하고 싶지 않거나 답을 할 수 없는 질문을 하면 어떻게 해야 하나?' 최소한의 상식과 교양이 있는 사람이라면 사별 직후 복귀한 사람에게 죽음에 대해 캐묻지 않지만, 언제나 최소한의 기준이 다른 사람은 있다. 호기심을 채울 목적으로 타인의 사생활을 까발리고 싶은 무뢰한들 말이다. 또는 자살에 대한 무지와 편견에 휩싸여 사별자에게 상처를 입히는 사람들도 분명히 있다. '대단한 위로를 건네는 나'에 도취되어 자기 멋대로의 말을 던져놓고, 그런 자신에게 고마워하길 바라는 사람들 말이다. 이런 예외적인 경우를 제외하고 대부분의 사람들은 사별 직후 복귀한 직장 동료에게 따뜻한 위로를 건네고 싶어 한다. 다만 그 방법을 모를 뿐이다. 어떤 얼굴로 대해야 할지 걱정하는 사별자처럼 동료 역시 어떤 말을 건네야 할지 걱정한다. 아는 척을 해야 하나 모르는 척을 해야 하나, 아는 척을 한다면 뭐라고 말을 해야 하나, 모르는 척을 한다면 예의가 아니지 않을까. 이렇게 자기 주변에서 쭈뼛거리고 불편해하는 동료들을 보는 것이 사별자는 또 불편하다.

민이와 경이의 직장 동료들은 형제의 죽음이 자살이라는 것을 알고 있었다. 민이의 직장 동료들은 아무것도 묻지 않고 예전과 똑같이 대하는 방식으로 위로를 했고, 경이의 직장 동료 중 몇몇은 안 하느니만 못한 위로의 말을 건넸다.

민 출근하기 전에도 두려움이 좀 있었어요. 왜냐하면 저는 알리고 싶지 않았는데 어떻게 알고 조문 온 직장 동료들이 있었고, 그래서 다 알고 있는 상황이라 내가 출근을 하면 이 사람들이 나한테 뭐라고 물을까. 괜찮냐고 물으면 난 뭐라고 대답해야 하지? 출근 전에 이게 엄청 걱정됐어요. 그런데 막상 출근을 했는데, 아무도 묻지 않았어요. 오히려 편하게 해주려고 가벼운 안부 인사 정도만 하고 아무것도 안 물어봐줘서 편했던 기억이 나요.

경 저는 조문객들에게 언니가 어떻게 갔다고 설명해드렸어요. 너무 젊은 나이였기 때문에 다른 설명을 하기 어렵잖아요. 직장 동료들이 많이 왔는데 별로 알리고 싶지 않은 사람들도 왔어요. 그런 사람들이 직장에서 원하지도 않는 어쭙잖은 위로를 하는 건 정말 불편했어요. 예를 들면 직장 동료들끼리 메신저를 쓰는데, 그분은 정말 좋은 의도로 말씀하신 거겠죠. 그런데 표현이 조금 짜증 났어요. "이제 괜찮으시죠?" 이렇게 보내셨더라고요. 괜찮다는 게 뭘까 싶었지만 그분의 진심은 또 알긴 알겠고….

동료와 주변인이 아무것도 묻지 않고 예전처럼 대해주기를 바라는 사별자도 있고, 따뜻한 위로의 말을 듣고 배려받기를 원하는 사별자도 있다. 때로는 사별자의 마음 상태에 따라 원하는 것이 달라지기도 한다. "저도 제가 원하는 게 뭔지 모르겠고 그때그때 매번 마음이 달라지는데, 다른 사람이 어떻게 알고 저를 위로해줄 수 있을까요?" 자조모임에 참석했던 어떤 분의 말이 떠오른다. 그럴 때는 그저 사별자가 그 시기에 느끼는 혼란스러운 마음 상태를 주변인들에게 그대로 공유해주는 것이 낫다. 혹은 구체적으로 필요한 것, 예를 들면 '저도 아직 실감이 나지 않아 마음이 힘듭니다. 당분간 그 일에 대해 묻지 않으셨으면 좋겠어요', '어려우시겠지만 예전과 똑같이 대해 주시는 게 저는 더 좋습니다', '필요한 도움이 있다면 말씀드릴게요. 물어봐주셔서 고맙습니다' 같은 말들을 직접적으로 전하는 것이 좋다. 어떤 분은 임산부에게 주는 핑크 배지처럼 '애도중'이라는 배지를 달고 다니고 싶다고 했다.

위로를 받고 싶지 않거나 오히려 사별자의 기분을 나쁘게 하는 타인이라면, 사별자 스스로 미리미리 심리적 안전막(psychological safety shield)에 넣어 자신을 보호해야 한다. 특히, 자살이라는 주제가 대화의 흐름에서 나왔을 때,

그리고 그 주제에 대해 상대방이 무신경하거나 화나는 이야기를 할 때 사별자는 무시하고 넘어갈지, 짚고 넘어가야 할지를 결정해야 한다. 반응하지 않기로 했다면 '저 사람은 나를 화나게 하려고 저런 말을 하는구나. 나는 정신적으로 준비되어 있어. 나는 내가 원하는 방식으로 반응할 수 있어'라고 스스로에게 반복적으로 되뇌어야 한다. 만약 말하기로 결정했다면 차분하게 어떤 지점에서 어떤 말이 사별자를 자극하고 화나게 했는지 충분히 설명할 수 있어야 한다. '당신의 그런 말들은 저를 나아지게 하지 않아요. 더 이상 듣고 싶지 않네요', '당신이 무슨 말을 하는지 알겠어요. 하지만 지금 나는 그 일에 대해 더 이상 얘기하고 싶지 않습니다' 같은 표현이 도움될 수 있다.

두 번째 모임을 마치며

첫 시간보다 모두들 조금 더 편해졌다. 길지 않은 시간 동안 많은 주제를 넘나들며 이야기에 몰입했다. 자살 직후 돌아간 일상에서 느낀 경험들, 가족들과 죽음에 대해 말하는 것에 대해, 타인에게 고인의 사인을 알리거나 타인이 건네는 위로에 대한 생각을 나눴다. 민이는 다른 참가자들의 이야기를 들으며 미처 생각해보지 않았던 어떤 애도의 지점들을 알게 되어 좋았다고 했고, 지난 모임에서 예전 기억을 새삼스레 끌어올리느라 불편감을 느꼈던 선이도 오늘은 좀 편안해 보여 다행이었다. 늘 단답형으로 짧게 이야기하던 영이도 오늘은 꽤 많은 이야기를 보탰고, 이런 변화를 경이가 발견해주었다.

나는 무엇보다 원이 가족에게 찾아온 변화를 듣게 되어 기뻤다. 무엇을 해도 도저히 움직일 수 없을 것 같은 아주 무겁고 커다란 벽에 조그만 구멍이 생겨 빛과 바람이 원이의 가족에게 닿기 시작한 것 같았다. 그 작은 구멍을 내기 위해 3년의 시간 동안 원이는 치열하게 애도했고 그런 원이를 부모님은 말없이 지켜줬다. 이제 원이 가족은 서로를 연민 어린 눈으로 바라볼 수 있게 되었다. 첫 상담에서 애도를 위한 가족 공동체를 만들고 싶어 찾아왔다는 원이의 바람이 긴 시간을 돌아 이루어지기 시작한 것 같다.

3장

그 사람의 이름을 조금 더 편안하게 부르는 연습

세 번째 애도의 밤

나의 애도에서 '당신의 애도'로 시선이 조금씩 옮겨가다

세 번째 만남을 시작한다. 영이는 첫 번째 모임 때처럼 지난 모임이 끝난 뒤에 눈물이 났다고 했다. 집으로 돌아가 씻는데 갑자기 죽기 전 아빠가 힘들어했던 모습이 떠올라 그랬다고 한다. 영이는 아빠의 좋은 모습만 기억하려고 애쓰는 편이지만, 모임을 하고 나면 돌아가시기 얼마 전 아빠의 다른 모습이 기억을 비집고 나온다. 돌아가시기 직전 힘들어했던 아빠의 모습 말이다.

지난 한 주, 겨울 날씨답지 않게 화창했었다. 경이는 예쁜 날씨를 보면 자연스럽게 언니가 떠오른다고 했다. 같이 이 날씨를 만끽했다면 얼마나 좋았을까. 앞으로 영원히 그 사람과 기쁘고 예쁘고 아름다운 경험을 함께 나눌 수가 없다는 사실은 때로 사별자에게 '이대로 내가 행복할 수 있을까', '이대로 내가 행복해도 될까' 하는 생각을 갖게 한다. 본가에 내려갔던 민이는 아빠의 일방적인 얘기를 들었다. 엄마와 아빠가 어떤 삶을 살아왔는지 마치 민이가 꼭 기억해둬야 할 것처럼 말이다. 그런 아빠의 모습을 보면 아빠 역시 민이처럼 오빠에 대한 얘기를 나누고 싶은 것같이 느껴졌지만, 아직 민이는 주저하고 있다.

원이는 집에 놀러온 친구들에게 동생 사진을 보여주며 편안하게 이야기 나눴다고 했다. 동생의 사진첩은 원이 아버지의 애도 과정이다. 모을 수 있는 모든 사진을 정리하고 집안 모든 컴퓨터를 뒤져 출력할 수 있는 사진을 모두 출력했다. 가족이 아닌 사람들에게 동생을 포함한 가족의 경험을 이야기하는 일이 이젠 원이에게 어렵지 않다.

"친구들과 동생 얘기를 할 때 동생은 없는 사람이 아닌 우리 가족으로 있는 사람이에요. 제 친구들한테 어디 놀러

나간 동생을 소개하는 느낌이 들기도 해요. 이런 방식으로도 계속 친구들하고 얘기를 해볼 수 있겠구나 하는 생각이 들었어요."

선이는 개인 사정으로 세 번째 모임에 참여하지는 못했다. 이제 우리 속에 여전히 존재하는 그들의 이야기를 시작한다.

여섯 번의 자조모임이 끝날 때쯤

나는

여섯 번의 마인드 피크닉 중 이제 딱 절반을 지났다. 원이는 두 번의 모임에 대해 중간 점검을 하고 남은 시간 동안 여섯 번의 만남 끝에 확인해볼 수 있는 작은 목표를 세워 보자고 했다.

영 저는 여기 모임 외에는 아무하고도 아빠 죽음을 얘기하지 않으니까요. '친구한테 얘기해보기' 그런 걸 해보면 어떨까, 마음은 항상 있었는데 늘 부담스러웠거든요. 언제 어떻게 해야 하나 생각하면서 이번에는 하지 말자. 그렇게 반복되었어요. 이번에는 아빠 죽음에 대해 좀 놔두고 볼 수 있게, 그렇게 해볼까 하는 생각이 있어요. 그리고 아빠가 돌아가신 이후부터는 아빠에 대해서는 좀 좋은 쪽으로만 생각하려고 애썼어요. 안 좋았던 것은 잊어보려고만 했었던 것 같아요. 그런데 이번 모임을 통해서 아빠 자체를 이렇게 이해해볼 수 있는, 받아들일 수 있는 그런 시간이 되었으면 좋겠어요.

영이는 가족이나 친구 누구와도 아빠에 대해 이야기하지 않는다. 감정을 삼키는 것에 익숙한 영이에게 아픈 얘기를 꺼내는 것은 특히 더 불편하고 힘들다. 특히 엄마와 함께 있을 때 아빠에 대한 이야기가 나오면, 엄마가 영이의 생각은 아랑곳하지 않고 당신의 생각과 언어로만 아빠를 이야기하는 것이 싫었다. 동생이 아빠에 대해 어떤 생각을 갖고 있을까 처음으로 궁금해진 것은 이 모임에 참여하면서부터이다. 아빠와 좀 더 친했던 동생은 영이가 모르는 아빠의 모습을 뭔가 더 알고 있을 것 같기도 하고, 요즘 부쩍 술을 더 자주 마시는 동생이 걱정스럽기도 하다. 아빠에 대해 애써 좋은 기억만 떠올리려 했지만 모임이 끝나고 집으로 가면 죽음 직전 힘들어했던 아빠의 모습이 불쑥 떠오른다. 나머지 시간 동안 영이는 피하고 싶었던 아빠의 모습을 온전히 떠올려보고 싶다고 했다. 그리고 누군가와 그런 아빠의 얘기를 해보고 싶다고 했다.

(경) 저는 언니에 대한 이야기를 글로 정리해보고 싶어요. 그런데 지금은 아직 언니 죽음에 대해 직면 자체가 잘 안 되고 있어서 시작을 못 했어요. 가능하다면 우리 여섯 번의 만남이 끝날 때쯤, 시작할 수 있었으면 좋겠어요.

경이는 언니의 이야기라면 며칠 밤을 새워도 할 수 있을 것 같다고 했다. 모임 참여자 다섯 명 중 고인과 가장 가까웠던 사이였고 많은 시간을 함께 보냈다. 경이는 언니를 누구보다 사랑했고 의지했다. 삶의 끈을 놓을 수밖에 없었던 언니의 고통을 이해한다고 생각했지만, 언니가 떠난 이후 경이가 알지 못했던 언니의 아픔들을 새롭게 느낀다. 그때마다 언니에게 힘이 되어주지 못했던 죄책감에 휩싸이곤 한다. 그래서 언젠가 경이는 마음속에 가득한 언니에 대한 이야기를 정리해보고 싶다. 밝고 즐거운 모습으로 기억해 달라고 부탁한 언니의 마지막 말대로 언니를 기억하기 위해서라도 그렇다.

(민) 저는 첫날, (오빠를 보낸) 그날 이야기, 장례식장 이야기 그런 거 함께 나눌 수 있어서 너무 좋았거든요. 그런 거는 아무도 저한테 물어보지 않고 저도 꺼내지 않아요. 그래서 나머지 모임 동안 우리끼리만 할 수 있는 그런 주제들을 더 얘기해봤으면 좋겠어요. 그리고 모임이 끝날 때쯤에는 부모님과 오빠 얘기를 할 수 있었으면 좋겠어요. 지난 두 번의 모임을 하면서 느낀 건데요, 저는 오빠가 왜 죽었을까에만 초점을 맞춰서 거의 탐구를 했어요. 오빠 죽음 직전에 3개월, 몇 년 이렇게만 생각을 했지 오빠가 어떤 삶을 살았는지는 알아보려고 하지 않았어요. 여러분의 얘기를 들으면서 왜 내가 알아보지 않았을까 하는 생각이 갑자기 들었어요. 그래서 그런 것도 부모님과 이야기를 해보고 싶어요.

민이는 혼자서라면 별로 생각해보지 않았을 그때 그날, 민이가 느꼈던 감정과 생각을 처음으로 말할 수 있었다. 과로 자살이라고 생각했던 오빠의 죽음에 대해 이야기하면 할수록 오빠의 삶 자체가 궁금해졌다. 하지만 민이는 오빠에 대해 많이 알지 못한다. 그래서 부모님과 얘기해보고 싶다. 민이는 모르지만 부모님만 아는 어떤 것이 있지 않을까? 하지만 민이는 아직 부모님께 오빠의 이야기 어떤 것도 꺼내기 힘들다. 그래서 모임이 끝날 때쯤 어떤 얘기라도 부모님과 시작해보고 싶다.

'왜'라는 질문에 대한 답을 찾기 위해 죽음 직전 며칠, 몇 주의 모습에 몰두하다 보면 그 사람의 삶에 있었던 흐름을 잊곤 한다. 사망 직전의 모습에서 고인의 삶 전체로 시야를 넓히는 것도 사별자의 중요한 애도 과업이다.

원 저는 동생의 죽음을 항상 우리 가족의 실패라고 생각하고 부모님에 대해 엄청 비판적으로 생각을 했어요. 그렇게 하지 않았으면 좋았겠지만 그때는 어쩔 수 없는 시간이었던 것 같아요. 그래서 요즘은 우리 가족에 대해 다시 생각해보는 그런 시간을 갖고 싶어요. 그리고 또 하나는 동생 죽음이 저에게 남긴 흔적들을 좀 넓게 보고 싶다는 생각을 했어요. 제가 동생의 죽음을 겪으면서 상실이라는 것을 얼마나 두려워했는지, 그것으로 인해서 저에게 만들어진 어떤 집착 같은 것들이 생겼는지, 그런 것들을 최근에 생각하게 됐어요. 그래서 동생 죽음 이후에 그 죽음으로 인해 제가 맺고 있는 다른 관계들에 동생의 죽음이 어떤 영향을 미치게 됐는지, 저에게는 어떤 의미였는지, 그런 생각을 좀 해보고 싶어요.

고인의 자살은 가족 구성원들에게 '내가 인간으로서 무엇인가 실패했다', '우리 가족은 실패한 가족이다'라는 증거로 느끼게 만들고 다른 사람들도 우리 가족을 그렇게 볼 것이라고 생각한다. 부모로서, 자식으로서, 형제로서 무언가 실패했다는 느낌은 사별자들이 생각하고, 말하고, 느끼는 모든 방식에 영향을 미친다. 원이는 동생 죽음 직후 한동안 가혹하게 부모님을 원망했었다. 원이는 엄마가 죽지 않기를 바랐지만 동시에 아들을 잃은 자기 자신에 대한 연민의 고통으로 가득 차 있는 엄마의 모습에 분노했다. 아빠의 고통은 원이의 관심 밖이었다. 아빠의 마음 따위는 헤아리지 않으려는 방식으로 원이는 아빠에게 분노했다. 시간이 흘러 이제 원이는 부모님을 새롭게 바라본다. 그리고 부모님과 자신, 부모님과 자신과 동생의 관계를 생각한다. 동생의 죽음으로 결론지어지는 실패한 가족이 아니라 가족의 역사 속에 일어났던 가슴 저린 일로 동생의 죽음을 품으려고 한다. 그리고 동생 죽음 이후의 가족의 역사를 어떻게 새롭게 쓸 수 있을지 고민한다.

'어떤 상태가 되어야 제가 괜찮은 건가요?'라고 내담자가 질문한 적이 있었다. 상담을 시작할 때 들었던 '이 고통이 언제 끝나나요?'라는 질문은 시간이 흘러 이렇게 변한다. 괜찮은 상태라는 것은 사별자마다 조금씩 다르겠지만 애도에 관한 여러 이론에서 공통적으로 말하는 것이 있다. 사별 경험을 사별자 자신이 겪었던 삶의 사건으로 받아들이고 거기에 어떤 윤색도 하지 않으며 고인을 기억하고 말하는 것이 여전히 슬프지만 고통스럽지 않은 상태, 그리고 가장 중요한 것은 사별자가 자신의 삶을 다시 사랑하고 미래를 꿈꿀 수 있는 상태 말이다. 이런 상태는 물리적 시간이 흐른다고 그냥 도착할 수 있는 곳이 아니다. 여기 모인 다섯 명처럼 고인에 대해, 고인과 자신의 관계에 대해 생각하고 느낀 것을 이야기하고 또 이야기해야 힘겹게 도달할 수 있는 목표다.

그날 이후 사람들이 '자살'을 말할 때

애도 상담의 내담자들은 자살 사별자가 되고서야 하루에도 몇 번씩 자살 기사가 포털 뉴스에 올라오고, TV 드라마에 자살을 묘사하는 장면이 많다는 것을 알았다고 한다. 우리는 힘듦을 강조할 때 죽음을 쉽게 들먹이고 여차하면 자살한다고, 또는 자살하라고 농담으로 말한다. 하지만 이제 자살 사별자는 말만 들어도 가슴이 무너지는 그 단어를 농담처럼 내뱉을 수 없다. 무신경하게 지나쳤던 수많은 정보 속 배경 단어였던 '자살'은 이제 무시하려야 무시할 수 없는 전경이 되어 자살 사별자의 감각을 사로잡아주의를 끈다. 자살에 대해 말하는 사람들의 태도에 예민해지고 단어 하나하나 심장에 박혀 상처로 남는다.

사별 후 직장에 복귀했던 사별자는 유명인의 자살 기사가 올라올 때마다 출근하고 싶지 않았다. 매번 '왜 죽었대?'로 시작해서 각자가 아는 접시 물같이 얄팍한 정보로 고인의 죽음과 주변 사람들을 난도질하는 그 순간을 견디기 힘들었다. '우울증이 있었대', '빚이 있었대', '힘들게 하는 가족이 있었대'. 다른 사람들도 나를 그렇게 생각하겠구나. 그렇다고 정색을 하고 '멈춰!'라고 할 수도 없다. 자신도 예전에 그랬으니까.

(경) 저는 언니가 죽기 전까지 사람들이 죽음에 대해 가벼운 농담을 많이 한다는 자각을 하지 못했어요. 그런데 언니가 죽고 나니 그런 얘기가 너무 잘 들리고 그런 말들에 상처를 되게 많이 받았어요. 어느 날 동료들과 밥을 먹고 있는데 유명 정치인이 자살했다는 뉴스가 나왔어요. 한 분이 "왜 죽었대?" 그러니까 다른 동료들이 제 눈치를 보면서 "아, 우울증이 심했나 봐요"라고 조용히 얘기하면서 분위기

를 수습하려고 했어요. 그런데 그분은 "죽을 때 가족 생각은 안 하나?" 그러는 거예요. 제 상황을 모르는 분도 아니었는데. 그 얘기에 제가 너무 화가 났어요. 물론 그분은 저를 겨냥해서 어쩌자고 한 말은 아니었고 자연스럽게 한 말이었겠죠. 너무 화가 나서 자리를 박차고 나왔는데 막 눈물이 너무 나더라고요.

원 사람들이 정말 자살에 관련된 가벼운 말들을 많이 하긴 해요. 그럴 때 저도 어떻게 대해야 좋을지 모르겠어요. 더 어려운 건 그런 농담하는 애들 가운데 진짜 마음이 아픈 애들이 많다는 거예요. 자살을 가볍게 얘기하는 사람들 중 무례한 사람도 있긴 하지만, 어떤 경우는 진짜 자살에 가까운 사람들이 그런 얘기를 하는 것 같기도 해요. 단순히 무신경해서라기보다는 자기한테는 정말 손에 잡히는 가까운 옵션이니까, 늘 생각하니까 무신경해지는 측면도 있다고 봐요.

경 한번은 친구들과 주식, 코인 뭐 이런 얘기를 하고 있는

데 한 친구가 "잘못되면 한강 가는 거지 뭐. 오늘 한강 물 따뜻하냐" 그러는 거예요. 저한테 할 소리는 아니라고 생각하는데 저렇게 잘 아는 사람들도 저럴 수 있구나 하는 생각이 들면서 그게 정말 상처였어요.

원 동생 카톡을 보면 동생이 딱 그 친구들처럼 자살에 대해 가벼운 농담을 많이 했었더라고요. "아, 오늘 밥 먹고 자살해야지" 이런 식으로 욕 섞어서 친구들한테 보낸 것들을 제가 봤어요. 근데 동생은 진짜 그렇게 했잖아요. 그 동생의 농담에 딱 한 명이 "진짜로 죽지는 마" 이렇게 얘기해준 친구가 있었어요. 제가 다 너무 고맙더라고요.

원이는 한동안 자살을 말하거나 자살 시도를 했던 주변 친구들의 말과 행동에 엄청난 공포를 느꼈고 그런 말을 하는 친구들을 만나면 어떻게든 구조하기 위해 경계를 두지 못하고 뛰어들었다. 민이는 오빠처럼 업무에 시달리며 혼자 사는 싱글 남성들의 정신건강이 엄청나게 신경 쓰였고, 선이는 동생처럼 우울증에 시달리는 친구를 돕기 위해 애썼다. 경이는 자살에 대해 함부로 말하는 사람을 만나면 신경이 곤두서고 화가 난다. 무신경해지고 싶지만 마치 언니에 대해 함부로 말하는 것 같은 생각이 들어, 그러면 안 될 것 같은 마음이 든다. 이렇게 자살 사별자들은 누군가를 또다시 자살로 떠나보내는 것에 대해 불안해한다.

학교나 직장에서 생명존중교육이라는 이름으로 자살예방교육을 실시한다. 경고신호를 알아채고 자살 사고에 대해 직접적으로 물어봐주고 적절한 도움을 받을 수 있도록 하는 내용이다. 나는 자살자를 발견 또는 발굴해내는 것에 집중하는 자살예방교육에 대해서도 교육을 듣는 사람 중에 자살 사별자는 한 명도 없는 것처럼 '자살 모두 막을 수 있습니다'라고 강조하는 분위기도 아쉽다. 자칫 자살 유가족을 한 생명을 지키지 못한 비난받아야 마땅한 사람으로 만들 수 있기 때문이다.

우리나라의 자살률로 따져보면 어떤 집체 교육에서든 누군가를 자살로 잃은 사람이 있을 확률이 매우 높다. 표준 자살예방교육 프로그램에는 없는 '죽을 힘이 있다면 그걸로 사는 것이 더 낫다'는 식의 사족을 덧붙이는 강사들이 있다. 그리고 그들을 만난 경험이 있는 내담자를 나는 많이 만났다. 자살에 대해 함부로 지껄이는 무례한 사람들은 언제나 만날 수 있다는 사실을 사별자들도 받아들여야 하지만, 아직 자살이나 죽음에 대한 이야기를 무신경하게 넘길 수 없는 많은 사람이 곁에 있다는 사실을 우리 사회가 조금은 알아줬으면 좋겠다.

'스스로 목숨을 끊는 마음'에 대해

자살을 하는 것이 '옳다', '그르다', '이해할 수 있다', '이해할 수 없다'의 개인적 견해를 가지고 있었던 사람도, 자살에 대해 한 번도 생각해본 적이 없던 사람도 자살 사별 이후 '자살한다는 것'에 대해 어쩔 수 없이 생각하게 된다. '왜' 그랬을까에서 시작된 물길이 반드시 흘러 들어가고야 마는 곳이다.

경 저는 죽기 직전의 마음에 대해 생각해본 적이 있어요. 어떤 마음이었을까. 언니가 죽기 전까지는 저는 그냥 자살

하면 안 된다, 나쁜 거다, 그렇게 생각했어요. 그런데 언니가 가고 나서 왜 자살하면 안 되나 하는 생각을 처음 했어요. 자살 기사 댓글을 보면 '남은 가족들은 어떡하라고' 이런 식으로 가족 얘기가 제일 먼저 쫙 있어요. 그건 가족을 위한 거지 당사자를 위한 것은 아니잖아요. 죽은 사람은 어쨌거나 죽는 게 사는 거보다 더 낫다고 판단해서 그런 거잖아요. 그러면 왜 죽지 말아야 하지? 죽지 말아야 하는 당위를 모르겠어요. 그게 제가 죽겠다는 뜻은 아니에요. 그런 뜻은 아닌데 남은 가족을 생각해서 살아야 한다는 것은 아닌 것 같아요. 살아야 할 이유를 만들어주는 게 자살 예방 아닐까요? 살아야 할 이유가 거창하다면 죽지 말아야 할 삶의 이유들을 생각하게 해줘야 하는 것 같아요. 삶의 끈들을 많이 만들어주는 거요. 아직 확실한 답을 찾진 못했어요. 잘 모르겠어요. 왜 죽지 말라고만 하는지.

민 저도 좀 비슷해요. 태어나는 것은 내 의지대로 할 순 없지만 죽음은 본인이 선택할 수도 있다고 생각했어요. 죽음에 대한 이유는 각자 너무 많겠죠. 스스로 목숨을 끊는 사람들은 죽음이 삶보다는 나은 것이었기 때문에 선택했다고 생각해요. 그래서 죽고 싶다는 사람 앞에서 '죽지 마, 자살은 나쁜 거야' 이렇게 쉽게 얘기하진 못하겠어요. 그렇게 해서 산 사람의 삶을 제가 책임져줄 수는 없고, 그 고통을 제가 덜어줄 수 있는 것도 아니잖아요. 내가 왜 죽지 말아야 해? 내가 왜 살아야 해? 라고 묻는 사람 앞에서 저는 아무 말도 못 하겠어요. 그런데 오빠가 죽고 나서 새롭게 든 생각은, 오빠 죽기 전에는 한 번도 생각해보지 않았던 것이 남겨진 사람들의 아픔에 대해서였어요. 제가 남겨진 사람의 입장이 되어보니 이렇게까지 아픈 줄 몰랐어요. 정말, 너무 아파요. 그런데 이제는 얼마나 아픈지 아니까 한 번 더 용기 내서 말리고 싶어요. 한 번만 더 다시 생각해달라고.

원 동생이 가고 한동안 동생이 어떻게 죽었을까 매일매일 머릿속으로 시뮬레이션을 했어요. 손자국을 보면서 저렇게 자국이 남으려면 얼마나 오랫동안 잡고 있었을까, 머리를 이렇게 했을까, 이런 상상을 꽤 오랫동안 했어요. 얼마나 베란다 근처에서 서성였을까. 무슨 생각을 했을까, 얼마나 선택의 여지가 없다고 생각했을까. 그런 생각을 정말 많이 했었어요. 그런 생각을 했지만 동생에 대해 원망하는 마음이 든 적은 별로 없었던 것 같아요. 오히려 자살에 대해 이런 생각이 들었어요. 그 고통에 대해 진짜 모르니까 죽을 수 있지 않을까, 그래서 그렇게 할 수 있는 게 아닐까. 저도 동생 죽기 전에 불타는 것 같은 괴로움에 휩싸이면 그냥 죽어버릴까 그런 생각을 꽤 많이 했던 것 같아요. 그런데 동생이 그렇게 가고 나니까 오히려 자살에 대해 생각하지 않게 됐어요. 동생이 가고 난 후 제가 너무 고통스러웠고 이런 식의 고통을 다른 사람에게 안길 수가 없겠더라고요. 그래서 이제 나는 스스로 목숨을 끊지는 못하겠다. 그런 생각을 했었어요.

사별의 시기와 애도 과정에 따라서도 스스로 목숨을 끊는다는 것에 대한 관점은 계속 변한다.

바람이 심하게 불던 추운 겨울 새벽, 기어코 그 문을 밀고 돌아오지 않은 남편에 대해 말하던 아내는 삶을 거슬러 죽음을 향해 달려가던 남편을 그 순간 막을 수 있는 방법은 없었을 것 같다고 말한다. 떠나보낸 지 3년쯤 됐을 때다. 사별 직후 아내는 가족들과 저녁 식사를 하고 잠자리에 들었던 평소와 다름없는 그날에, 자기 곁에 누워 다음날 새벽을 준비했을 남편을 생각하면 미칠 것같이 화가 나고 배신감이 든다고 했다. 자기 고통을 끝내기 위해 남은 사람의 고통 따위는 생각하지 않은 이기주의자라고 했다. 하지만 지금은 도움조차 요청할 수 없었던 그 사람의 미련함과 외로움이 슬프다고 덧붙였다.

우리는 종종 자살 사별자들을 위로한다며 '당신은 아무 잘못이 없습니다. 그 사람의 선택입니다'라는 말을 한다. 아무런 책임도 지지 않는 사람이 자살 사별자에게 하는 쉽고 편한 위로다. 자살은 사별자가 고인이 죽음을 향해 갔던 그 길을 고장 난 기계처럼 무한정 구간 반복하고 나서야 겨우 이해할까 말까 한 일이다. 자살을 자살이 아니라 죽음으로 받아들이고 이해하는 그 순간에도 비겁한 변명이고 살아남은 사람이 살기 위한 합리화인 것 같다는 생각에 주저하게 되는 일이다.

자살 사별자들은 흔히 '자살 고위험군'으로 분류된다. 자살 사고, 자살 시도, 자살률 및 배라며 자살 유가족이 죽지 않도록 도와줘야 한다고 한다. 사별 직후 한동안 '어떻게 살아야 하는지 모르겠다'는 생각에서 시작해 "왜 살아야 하는지 모르겠다"고 말하는 사별자들을 많이 만났다. 적극적으로 죽겠다는 의미보다는(물론 심각하게 자살 사고에 휩싸이고 자살 시도를 하는 사별자도 있다) 이쯤에서 삶을 멈춰도 괜찮을 것 같다는 생각 또는 그 사람이 없는 남은 삶에 대해 도저히 엄두가 나지 않아 드는 마음이었다. 대략 사별 직후 3개월의 시기 동안 이루어지는 애도 상담은 남은 삶에 대한 엄두를 내도록 하는 일이며, 그 시작은 당장 오늘을 살고 내일을 살 수 있도록 자신을 돌볼 수 있도록 하는 일이다.

그 사람의 물건을 정리하거나 쓰는 것에 대해

우리의 육신은 한 줌 재로 변해 유골함에 들어갈 수 있지만 물건은 남는다. 팔순을 앞둔 부모님은 '죽을 때 다 싸 가지고 갈 것도 아닌데 버려야지, 정리해야지, 다 짐이다' 말씀하시지만, 켜켜이 쌓여 있는 지질한 물건들은 여전하며 심지어 새롭게 들이는 물건들까지 가득하다. 오늘 갈지, 내일 갈지 하나도 이상한 것이 없다며 문 밖의 죽음을 받아들이는 것같이 얘기하는 노인들도 생을 정리하며 죽음을 준비하는 것은 마냥 피하고 싶은 일인 것 같다.

자살자들 중 사망 직전 2~3개월 전부터 주변 사람에게 물건을 나눠 주고 짐을 정리했던 분들도 있다. 이러한 행동은 자살의 사전 경고신호 중 '행동' 신호의 항목에 포함되어 있지만 대다수의 자살자들은 삶의 흔적을 모두 두고 자신만 CG로 지운 듯 사라진다. 화장터에서 분골이 된 그 사람을 확인했음에도 늘 입던 옷가지, 침대와 컴퓨터 등 고인의 체취가 그대로 묻어 있는 물건에서부터 책상 서랍 속에 있던 과자 봉지, 마지막으로 만들어줬던 반찬, 그 사람의 머리카락이 한가득 남아 있는 빗, 어제까지 사용했던 칫솔 같은 것들을 보면 그 사람이 없다는 사실을 받아들이기 힘들다.

예기치 못한 급작스러운 사별을 한 외상적 사별자들은 무엇을 남기고 무엇을 처분할 것이가를 결정하는 데까지 꽤 많은 시간이 걸릴 수 있고, 때로는 아무것도 정리하지 못한 채 그대로 생활을 이어가기도 한다. '물건을 정리하면 진짜 그 사람이 죽었다는 것을 제가 인정하는 것 같아요. 아직은 아닙니다', '아직 그 사람의 냄새가 나요. 그래서 버릴 수 없어요.'

자살 사망 중 자택 사망 비율이 높다 보니 사별자들 중에서는 도저히 그 집으로 돌아갈 수 없어 급하게 이사를 결정하는 경우도 있다. 이삿짐 상자에 담겨 그대로 보관 중인 그 사람의 물건을 열어보는 것이 어떤 사별자의 애도 상담 주제가 됐던 적도 있다.

원 예전에 업무차 미팅을 하던 중에 곧 결혼을 해야 해서 집을 알아본다고 얘기를 했던 분이 있었는데, 어디 집값이 싸서 확인해보니 그 집에서 누가 자살을 했다더라 하더라고요. 아마 그분은 제가 자살 유가족인 걸 몰랐겠죠. 그 얘기를 듣는데 떠난 사람과 황급히 집을 싸게 내놓은 사람들의 마음은 생각하지 않는 게 야속하기도 하면서, 저라도 충분히 그럴 것 같다는 복잡한 생각이 들었어요.

경 저는 언니가 살았던 신도시 맘 카페에 들어가서 혹시 언니 얘기가 있나 검색해본 적이 있어요. 언니 죽고 한동안 너무 슬프고 혼란스러웠는데 시간이 좀 지나니까 형부가 집을 빼면 세입자가 들어와야 하는데, 혹시 안 들어와서 우리 탓을 하면 어쩌나 하는 생각이 들었어요. 언니 일이 있기 전에는 저는 저 집에 귀신 들었네 부정 탔네, 자살했네 이러면서 이런 괴담 저런 괴담 막 얘기한 적이 있었어요. 그런데 저도 참 이중적인 게, 그래도 우리 언니는 잘 살다 간 사람이니 괜찮을 거야, 세상을 원망하고 간 게 아니야, 본인이 힘들어서 간 거야, 그래서 이 집은 괜찮을 거야, 그런 생각을 하게 됐어요. 그런 이중적인 마음이 들더라고요.

(민) 저는 다른 사람들 마음이 제 마음 같지 않다는 게 서운했어요. 유품 정리할 때도 저는 엄청 빠르게 싹 다 정리했거든요. 정리하다 보니 너무 멀쩡한 물건이 많으니까 이걸 누구 줄까 이런 말을 했는데, 엄마가 "그건 우리 마음이고 우리 생각이다. 받는 사람은 찝찝해할 것이니 그러지 말자"라고 하셨어요. 맞아요. 저라도 찝찝한 마음이 들 것 같아요. 그런데 한편으로는 나한테 소중한 물건인데 다른 사람한테는 찝찝한 물건이 된다는 게, 그냥 좀 서운한 마음이 들었어요.

(원) 저는 동생 옷을 진짜 많이 입었어요. 처음에는 동생

옷을 입으면서 생각이 많았어요. 동생 옷을 버리면 어디로 갈까, 그런 생각이요. 다른 사람이 동생 옷을 입는다고 생각하니 싫은 마음도 들고요. 그런데 저희 엄마는 제가 동생 옷을 입는 걸 싫어했어요. 이유는 잘 모르겠지만 싫은 내색을 많이 했어요. 그런데 저는 동생 옷을 보고 사람들이 예쁘다고 할 때 자연스럽게 동생 얘기를 할 수 있는 게 좋거든요. 저는 죽음에 대해 어떤 것은 호상이고 어떤 것은 불길한 죽음이고, 그런 이분법적인 분류가 싫었어요. 우리는 그냥 다 죽을 건데 죽음의 방식으로 동생의 죽음을 판단하고 싶지 않았어요. 그래서 더 동생 옷을 입었는지도 모르겠어요.

(민) 저는 처음부터 오빠 유품이나 옷 같은 거 그냥 자연스럽게 사용하고 입고 그랬어요. 처분한 것은 우리 가족한테 필요 없어서 처분한 거였어요. 오빠 옷 중에서 따뜻한 거, 좋은 거 그런 것은 그냥 제가 입었어요. 원래도 오빠 것 중 좋은 것은 좀 뺏어 입기도 했었어요. 오빠가 남긴 것 중에서 캐릭터 인형 같은 것들이 있어요. 귀여운 것들이 많아서

그건 가지고 왔어요. 만지면 너무 기분이 좋은 보들보들한 재질의 인형이 있거든요. 사무실에도 가져다 두었어요. 그래서 제 상황을 아는 동료들한테는 '이거 오빠 거예요' 이렇게 얘기한 적도 있어요. 저한테는 오빠 유품이 찜찜한 거는 하나도 없어요. 물론 물건을 쓰다가 갑자기 오빠 생각이 나면 좀 슬퍼지기도 해요.

(영) 저도 아빠가 입던 스웨터 같은 거 자주 입어요. 그런데 동생은 좀 다른 것 같아요. 제가 아빠 돌아가시기 전에 엄마, 아빠한테 패딩을 똑같이 사드렸어요. 아빠가 얼마 입지 않아서 정말 새것이거든요. 한 대여섯 번 입으셨나. 동생이 입고 있는 패딩이 낡아서 동생한테 입으라고 하고 나머지 아빠 옷들은 대부분 처분했는데, 막상 동생은 잘 안 입어요. 그냥 싫은가 봐요.

한 가족 내에서도 고인의 흔적을 보는 것이 힘들어 모조리 다 치워버리고 싶은 사람도 있고 오래오래 그 흔적을 바라보며 고인을 그리워하길 원하는 사람도 있다. 원이, 민이, 영이처럼 고인의 물건을 가까이 두고 쓰길 원할 수도 있다. 가족 구성원의 애도 반응과 과정이 모두 다른 것처럼 유품에 대한 생각도 모두 다르다. 유품에 대해 사별자들이 가장 후회했던 방식은 자기 대신 누군가가 물건을 모조리 처분하는 경우다. "아내 장례식 끝나고 집에 들어오기 힘들어 조금 쉬고 와보니 장모님이 아내 물건을 다 버리고 싹 치우셨더라고요. 어서 빨리 잊으라고요. 당시에는 고마운 마음이 있었지만 시간이 흐른 지금 아내를 떠올릴 만한 것이 아무것도 없어서 안타까워요"라고 한 분도 있었다. 당장 어떤 결정도 하기 힘들다면 시간을 두고 천천히 생각해도 좋다. 물건을 떠나보낼 때도 시간이 필요한 것은 당연하다. 다만 언젠가는 고인의 유품을 사별자의 방식으로 정리해야 한다. 고인의 생전 그대로 모든 걸 가져갈 수도, 유지할 수도 없다. 물건은 변하고 낡을 것이다. 고인이 없는 빈자리에 고인의 물건을 둔다고 해서 그 빈자리가 채워지는 것은 아니다. 고인을 잃은 슬픔은 사별자가 평생 가져가야 할 짐이다. 그리고 그 짐의 무게는 평생 짊어지고 갈 정도여야 할 것이다.

디지털 세상에 남아 있는 그 사람의 흔적에 대해

미처 백업을 하지 못한 고인과의 카카오톡 대화가 모두 사라져 황망해하던 사별자가 있었다. 그 사람 대신 낯선 이가 친구 목록에 들어 있는 것을 본 순간, 그 사람은 고인을 한 번 더 잃은 것처럼 고통스러웠다고 했다.

(민) 저희 오빠는 유서를 자기한테 보내는 카톡에 썼어요. 그때 카톡 유서를 보고 휴대폰은 그냥 뒀었어요. 그 후에 다시 들어가려고 계정 로그인을 하다가 잘못하는 바람에 결국 계정 탈퇴까지 하는 상황이 됐어요. 그걸 알고 너무

당황했어요. 오빠 죽기 전 최근 생생한 기록이 다 카톡에 남아 있잖아요. 우리도 대부분 그렇잖아요. 오빠가 일기나 글을 어디에 정기적으로 썼던 사람이 아니라서 거기 있는 것들이 가장 생생하고 날것 그대로일 텐데, 이제 그걸 볼 수 없다는 생각에 완전 '멘붕'이 왔어요. 일단 그 상태로 두긴 했는데 업체에 맡겨 카톡 내용을 복구해야 하나, 말아야 하나 고민이 됐어요.

경 저는 언니 휴대폰 통신사에 가서 해지를 했는데 어느 날 갑자기 언니 카톡이 안 뜨는 거예요. 엄마도 그걸 알고 '큰일 났다, 어떻게든 좀 해결을 해달라' 이러시고. 그런데 저도 방법을 몰랐어요. 알고 보니 다른 사람이 언니 번호를 받아서 새로 가입을 하니까 저희 언니 거가 당연히 이용 중지되면서 사라진 거죠. 제 카톡 친구에 새로운 사람이 뜨고요. 그래서 제가 그 번호를 받은 분께 양해를 구하고 번호를 받아오면 다시 가져올 수 있을 줄 알았어요. 그런데 그게 한 달 걸린대요. 그러니까 그 사람이 계정을 취소하고 번호를 해지하면, 그 번호를 한 달 동안 아무도 쓸 수 없게 유지가 되지만, 카톡은 15일이면 사라진다고 했어요. 그 얘기를 들으니 너무 막막했어요. 저는 카톡을 살릴 수 있는 방법이 그게 유일한 방법이라고 알고 있어서 어렵게 부탁드려서 그분이 번호까지 해지해줬는데… 막막했어요. 그즈음에 원이 님을 메리골드 모임에서 만나서 카톡을 살릴 수 있는 방법을 알고 해결했어요. 해외 번호를 받아서 계정을 유지하는 방법이요. 정말 끊기기 2, 3일 전인가 기적적으로 살리긴 했어요.

민이와 경이는 고인의 카카오톡 대화 내용을 있는 그대로 저장해두고 싶어 했다. 원이도 이미 동생의 카톡을 유지하기 위해 사망자의 카카오톡 계정을 유지하는 방법에 대해 백방으로 알아본 경험이 있다. 사라지기 직전 해외 계정으로 동생의 카카오톡을 연동해 메시지는 살렸고, 동생의 번호는 없어졌다. 그대로 보존해둔다고 해서 자주 찾아보는 것은 아니지만 고인에 관한 것이라면 모든 것을 그대로 보존하고 싶은 사별자들은 아예 사라져 못 보는 막막함보다는 갖고 있으면서 보지 않는 편이 더 낫다고 생각한다. 사별자가 고인의 카카오톡 대화 창을 모두 백업해 가지고 있는 것에 대한 생각은 사별자마다 다를 것이지만, 함께 생각해볼 문제는 있다.

원 사실 고인의 입장에서 내 카톡이 가족들에게 영원히 저장되는 것을 원할까? 그건 모르잖아요. 그런 게 좀 복잡한 것 같아요. 유가족 입장에서는 고인의 어떤 마지막, 추억할 수 있는 것을 남기고 싶겠지만 뭐랄까 좀 생각해볼 만한 주제이긴 해요.

민 그렇겠어요. 가족과의 대화만 있는 게 아니니까요. 하지만 제 입장에서는 오빠의 죽음의 이유를 추정하는 데 오빠의 카톡 대화 내용이 도움이 됐긴 했어요.

경 저는 언니와 진짜 소소한 일상 대화를 정말 많이 나눴어요. 웃긴 얘기 이런 것도 막 서로 공유하고 그랬거든요. 인터넷에서 뭔가 재밌는 걸 보면 이거 언니 보내줘야지 생각했다가 '아, 이젠 없지' 그런 생각이 들 때 슬퍼요. 그럴 때 언니와 나눈 대화를 보면서 낄낄대요. 아직까지 저한테 카톡 대화 내용은 언니가 여전히 곁에 있음을 느끼게 해주는 존재 같아요.

고인이 생전 트위터, 페이스북, 인스타그램 등 SNS 활동을 열심히 했던 사람이라면 온라인상에 남아 있는 고인의 사진과 글 등의 흔적을 어떻게 처리해야 할 것인가에 대해서 사별자들의 고민이 깊어진다. SNS 계정에 남아 있는 자료에 대한 입장은 고인과의 관계에 따라 조금씩 다르다. 흔적이 사라지기 전에 여러 가지 방법으로 모두 다 저장해두고 싶어 하는 사별자, 온라인에서 여전히 살아 있는 고인을 직면하기 두려워 사별자 본인이 아예 SNS를 탈퇴하는 경우, 자신 외에 고인을 기억하고 추모하는 사람들이 고인의 계정에 찾아와 남기는 글을 보며 위로받는 사별자, 고인과 함께 있는 본인의 흔적만을 추려서 삭제하거나 고인이 남긴 SNS 내용을 읽고 또 읽으며 죽음의 단서를 찾으려는 사별자 등 다양하다. 역시 여기에도 정답은 없다. 삭제하면 삭제한 대로, 회피하면 회피하는 대로, 그대로 두면 그대로 두는 대로 매번 후회가 남는다.

※ 페이스북이나 인스타그램은 '기념계정화'(Legacy Contact) 기능을 통해 사용자에게 자신이 사망한 뒤 SNS 계정이 어떻게 관리되도록 할지, 미리 정하도록 하고 있다. 우리는 모두 우리의 운명이 언제 끝나는지 알 수 없다. 만일 이 글을 읽고 있는 당신이 페이스북과 인스타그램을 열심히 사용하는 사람이라면 '기념계정화' 기능을 확인하고 설정해두자. 만약 사용자가 보존을 원하면 '기념계정'으로 남겨지고, 폐쇄를 원하는 계정은 유족의 사망신고를 거친 뒤 영구 삭제된다. 네이버의 경우 고인의 계정에 대해 '디지털 유산 관련 정책'을 두고 관리하고 있다고 한다. 1년 이상 네이버에 로그인하지 않은 경우 휴면 상태로 전환되지만 블로그 등에 남긴 데이터는 삭제되지 않는다. 카카오톡·카카오스토리 등의 SNS를 운영하는 카카오는 유족의 요청이 있을 경우 고인의 계정을 탈퇴 처리한다. 특별한 요청 없이 일정 기간 로그인을 하지 않은 계정에 한해서는 휴면 상태로 전환한다. 이 중 카카오 계정은 휴면계정으로 전환된 뒤 5년이 지나면 개인정보를 포함한 모든 콘텐츠가 삭제되기 때문에 주의가 필요하다.

세 번째 모임을 마치며

이번 모임에서 우리는 자살에 이르는 마음과 고인이 남긴 여러 흔적들에 대해 이야기를 나눴다. 자살학(Suicidology)의 창시자이자 오랜 시간 동안 자살자의 마음을 연구했던 임상심리학자 에드윈 슈나이드먼(Edwin S. Shneidman) 박사는 자살은 내적 대화의 결과라고 했다. 우리 마음은 선택할 수 있는 것들을 훑어보며 탐색하고, 그중에 자살이 있지만 자살을 거부하고, 다시 자살을 훑는다. 자살이 거기에 있고 자살이 다시 거부된다. 그러다가 자살이 최종 해결책으로 선택된 후에는, 자살을 계획하고 이제 자살이 고통의 해답으로 고정된다는 것이다.

자살은 견딜 수 없는 고통을 멈추려는 정신적 과정이라는 것 외에 남겨진 사람들이 알 수 있는 것은 없다. 하지만 사별자들은 자살로 향하는 고인의 마음속으로 들어가 그 사람이 겪었을 고통의 종류와 정도를 가늠하려 한다. 미친 듯이 알고 싶지만 알 수 없어서 고통스럽다. 그럼에도 불구하고 자살 사별자들은 그 사람이 겪었을 역경을 더듬어 가야만 한다. 우회로도 지름길도 없다. 나는 그저 그 길을 걷는 사별자 곁의 동반자일 뿐이다.

사별 기간이 길지 않은 경우 사별자들은 고인의 물건을 처리하는 것에 대해 고민한다. 물건을 보는 것 자체가 너무 괴로워 가까이 가지 못하는 분들이 대부분이다. 고인의 죽음을 현실로 받아들이고, 고인의 마지막에 머물렀던 사별자의 시선이 그 사람의 삶 전체를 향할 수 있을 때쯤, 그만큼 시간이 흐른 뒤에는 고인의 물건을 볼 수 있는 용기가 생긴다. 그러니 고인의 물건을 그대로 두고 싶어 하는 사람이 곁에 있다면 '빨리 정리하고 잊으라'고 재촉하지 말고 정리하지 못하는 그 사람의 이유를 들어주는 편이 낫다. 죽음을 아직 인정하고 싶지 않아서라면 시간이 필요하고, 정리하고 싶지만 용기가 나지 않는 것이라면 무엇을 남기고 무엇을 처분할지 함께 생각해주는 것이 좋다. 그 과정에서 사별자는 기억해야만 하는, 때로는 기억하고 싶지 않은 고인의 이야기를 꺼내게 될 수도 있다.

"그 사람이 가고 시간이 지났는데, 또 어떻게 생각하면 시간이 안 지난 것 같은 느낌도 있어요. 그 사람이 쓰던 물건을 안 쓰고 계속 가지고 있으면 그 사람이 계속 살고 있는 것 같기도 하고, 물건을 또 계속 두다 보면 스스로 낡아서 어느 순간 그때 그것이 아니라는 걸 알게 되면서 놀라는 것 같아요."

4장

남은 삶에 대해 엄두를 내는 용기

네 번째 애도의 밤

무언가를 '하지 않을' 여유가 스며들다

지난 모임에 참석하지 못한 선이에게 지난 모임에서 나눈 이야기를 전했다. 선이는 갑자기 바빠진 일상에 대해서, 경이는 복직을 앞두고 언니가 남긴 강아지를 돌보는 시간에 대해서 이야기를 나눴다. 언니가 너무 사랑했던 강아지, 언니의 마지막을 보았을지도 모를 강아지를 정성을 다해 돌봤다. 원이 가족도 동생이 떠난 직후 살아 있는 생명은 강아지밖에 없는 듯 강아지만 돌봤던 시간이 있었다. 강아지 덕분에 강아지에 관한 이야기로 서로에게 잠시 입을 뗄 수 있었다. 원이네 강아지는 동생 방에 들어가 체취를 맡곤

했다. 그 시간 가족들 중 원이네 강아지는 가장 적극적으로 동생을 그리워했고 동생이 원이 가족에 존재하고 있음을 확인하고 보여줬다.

모임 초반 민이는 내내 무언가를 끄적끄적 적었다. 지난 모임에서 민이는 펜을 내려놓고 오가는 이야기에 완전히 집중했었다고 얘기했다. 그리고 지난 한 주, 죄책감이 들 정도로 편안하고 게으른 시간을 보내고 있노라고 했다. 오빠에 관해 뭔가 하지 않으면 안 될 것 같은 민이가 드디어 뭔가를 하지 않는 시간을 보내고 있다는 얘기가 반가웠다.

지난 한 주의 안부를 묻는 시간을 가장 불편해하는 영이는 '매일 똑같았다'는 말 대신에 엄마와 영화 한 편을 봤다고 조금 더 덧붙여줬다. 원이는 원이 마음속에 있던 자살, 죽음에 관한 민감한 버튼 하나가 사라졌다는 것을 확인했다고 했다.

(원) 지난 시간에 자살이라는 죽음의 방식에 대해 어떻게 받아들여야 하는지 얘기를 나눴잖아요. 제가 예전에 학교에서 정신건강 관련 수업을 들은 적이 있어요. 정신장애와

자살 이런 내용을 다루는 수업이었는데 그 수업을 들을 때 금방 폭발할 것같이 너무 힘들었어요. 그런데 지난 시간에 우리가 비슷한 얘기를 했는데, 그 수업 때 들었던 자살 얘기처럼 고통스럽지 않았어요. 오히려 마음이 차분하고 다른 분들 얘기도 다 이해되고 그랬어요. 그 차이는 뭘까 생각해보면 우리는 모두 공통된 경험이 있고, 어떤 고통을 겪었고 또 이해했으리라 생각하면서 생기는 믿음이 있어서 그런 것 같아요. 그리고 한편으로 죽음에 대해 좀 편하게 받아들일 수 있는 상태가 된 것 같아요. 그걸 지난 시간에 뜻밖에 확인했어요. 이건 좋다, 나쁘다 그런 건 아니고요. 뭔가 많은 것을 지나온 느낌이에요. 동생이 죽은 직후, 그 이후 2년, 그리고 올해 이렇게 시간이 흐르면서 매번 다른 방식으로 제 안의 버튼이 눌려 있었는데, 그런 걸 확인하고 이제 그 버튼이 사라진 느낌, 그런 것들이요.

서로가 겪은 고통이 어땠으리라 이해하는 마음에서 비롯된 믿음을 안고, 네 번째 이야기를 시작한다.

그 사람이 떠난 후 첫 1년, 기일을 맞이하는 것에 대해

애도 상담을 시작하기 전 내담자가 작성해야 할 길지 않은 설문지의 내용 중 그 사람이 특별히 기억날 만한 날들을 묻는 문항이 있다. 생일과 결혼기념일, 명절과 크리스마스, 두 사람이 혹은 가족들이 기념해왔던 특별한 날들 말이다.

기일이 다가오기 몇 주, 몇 개월 전부터 사별자들은 힘겨워하며 다시 그날로 빨려 들어가 감정이 오르락내리락하기도 하는데, 그래서 꽤 괜찮아졌다고 생각했던 사별자들은 기일을 앞둔 자신의 상태에 다시 절망한다. 여전히 어제 일 같은데 벌써 1년이나 지났다는 생각에 갑자기 아득한 과거 일처럼 느껴지기도 하고, 1년밖에 안 됐다는 생각에 죽음 이후 사별자가 겪었던 수많은 일들이 주마등처럼 지나가기도 한다. 이렇게 사별자의 시계는 이전과 다르게 흐른다.

1보 전진 2보 후퇴가 당연한 것이며, 파도가 밀려왔다 밀려가듯 또 그렇게 천천히 우리는 이 과정을 통과하고 있다고 있는 힘껏 격려해보지만, 첫 번째 기일을 앞둔 사별자들의 심경은 복잡하다. 나는 그 심경을 아마도 충분히 다 헤아리지 못할 것이다.

거하게 음식이라도 올릴 수 있는 기일을 보내는 사별자는 아직 많이 만나지 못했다. 차라리 제사상을 차리는 편이 더 낫겠다고 말하는 사별자도 있었다.

"장을 보고 준비하고 요리하고 차리고 치우고 하면 뭔가 할 일은 있잖아요. 다른 생각 없이 말이에요."

남겨진 가족이 한마음 한뜻으로 기일을 챙기기는 쉽지

않다. 가족 중 누구는 첫 번째 기일이니만큼 함께 뭔가를 했으면 하고, 누구는 그날의 일이 떠올라 기일 자체를 생각하고 싶지 않아 할 수 있다. 어떤 이는 여전히 고인의 죽음을 받아들이기 힘들어 그 사람이 '죽은 날'을 기념하기보다는 생일을 기억하고 싶어 할 수 있다. 기억하고 싶어 하는 사람은 기억하지 않으려는 사람에게 서운함과 원망을 느낄 수 있고, 기억하지 않으려는 사람은 기어코 들춰내어 기억하려는 사람이 야속할 수 있다.

애도 상담에 오는 사별자들은 주로 사별 2~3개월 즈음에 오시는 분들이 가장 많다 보니 첫 번째 기일을 준비하는 것은 언제나 애도 상담의 중요한 이슈가 된다. "뭘 해야 할까요?", "다른 분들은 뭘 하면서 보내세요?" 기일을 앞둔 사별자의 흔한 질문이다. 혼자 있고 싶은지, 누구와 함께하고 싶은지, 가족 외에 고인의 기일을 알려주고 함께 기억해줬으면 하는 사람이 있는지, 평소와 같은 일상처럼 보내고 싶은지, 아니면 하루 휴가를 내고 싶은지를 우선 생각해봐야 한다. 가족과 함께 보내고 싶지만 어떻게 얘기를 꺼내야 할지 모르는 경우 무엇이 걱정되는지, 언제 어떻게 그 이야기를 꺼내면 좋을지 이야기 나눈다. 가족들은 누군가 먼저 "우리 기일을 어떻게 보내면 좋을까?"라고 물어봐 주길 같은 마음으로 원하는 경우가 많다.

나는 사별자분들에게 기일 당일보다 기일을 기다리는 지금이 힘겹고, 막상 당일은 걱정했던 것과 다르게 수월하게 보내시는 분들이 많다는 것, 그리고 기일은 고인의 '자살'을 기억하는 날이 아니라 고인의 삶을 기억하는 날이라는 점을 꼭 말씀드린다. 종종 첫 번째 기일에 너무 큰 의미를 부여하며 이 시간이 지나면 뭔가 훨씬 달라질 것이라 기대하는 분들도 있다. 첫 번째 기일은 중요하지만 1년이 지났다고 해서 곧바로 나아지는 것은 아니다. 기일은 매년 찾아오며 처음만큼은 아니겠지만 올 때마다 아픈 시간이다.

리더 원이와 함께 보냈던 첫 번째 기일이 생각난다. 그날과 비슷한 가을바람이 불어오고 하늘이 높아질 때 원이는 많이 아파했다. 애도 상담 과정에서 기일을 함께 기념할 만한 것을 생각해보기로 했다. 원이는 화장터를 다시 방문해보고 싶다고 했다. 그때까지 원이를 가장 괴롭히던 장면들 중 하나가 화장터에서 만들어졌기 때문이다. 그곳으로 들어가기 위해 통과해야 하는 짧은 터널이 있다. 복작거리는 삶의 공간과 죽음의 공간을 이어주는 것 같기도 하고, 완전히 다른 어떤 세계로 들어가는 듯한 느낌도 드는 곳이다. 죽은 몸이 되어 다른 공간에 있는 고인과 함께 이 터널을 통과했던 사람들의 마음은 어땠을까? 준비되지 않은 갑작스러운 사별이라면 아마 더 비현실적으로 느껴졌을 것 같다. 원이가 왔던 그날 이곳에 도착해서 원이가 지나갔던 공간을 그대로 함께 걸었고, 그날에는 가보지 않았던 추모공원 뒤편 작은 공원도 들렀다.

"이렇게 예쁜 곳인 줄 몰랐어요."

원이는 말했다. 벽 한 면에는 사별자들이 고인에게 보내는 추모의 메시지를 적는 곳이 있다. 원이는 그곳에 한참을 머물렀다.

"선생님, 이분은 아마 자살 사별자인 것 같아요."

빼곡히 적혀 있는 애도의 문장들 속에서 원이가 찾아낸 문장은 이랬다.

"정말 미안해, 그렇게 힘든 줄 몰랐어. 내가 미안해."

애도 상담에서, 자조모임에서 사별자들이 가장 많이 하는 말이다. 아마도 부모가 쓴 것은 아니겠지 싶었다. 이곳에서는 모두 정신을 놓기 때문이다. 형제이거나 화장터까지 따라온 친한 친구일 것이라고 우리는 추측했다. 금방 달라지지 않겠지만 원이가 이곳과 관련된 끔찍한 악몽을 꾸거나 이곳에서의 어떤 장면이 떠올라 공포스러워하는 일은 없길 바랐고, 다행히 이후 원이는 한결 나아졌다고 이야기했다.

기일을 맞아서 원이처럼 죽음과 관련된 어떤 장소를 방문해보는 것도 좋다. 특히 억지로 피하고 있거나 사별자의 마음을 괴롭히고 있는 곳이지만 고인에게 어떤 존중과 애도를 표하기 위해 가야 하는 곳, 혹은 고인에게 무슨 일이 일어났는지를 이해하기 위해 가야 하는 곳들 말이다. 다만 그곳에 가기 전에 꼭 생각해봐야 할 것들이 있다. 그 장소에 가는 것을 상상해봤을 때 나의 정서 반응은 어떠한가? 그곳을 방문함으로써 감당해야 할 어떤 위험이 있는가? 그 장소에서 말하거나, 하고 싶은 것이 있는가? 만일 그 장소에 갔을 때 예상치 못한 반응이 일어난다면 나를 어떻게 진정시킬 것인가? 어떤 사람과 함께 가야 도움을 받을 수 있을 것인가 같은 것들 말이다.

유서에 담긴 것,
또는
담기지 않은 것

책상 위에 A4 용지 네 장 빼곡히 적힌 남편의 유서가 있다. 자신이 평소에 맡아 하던 일들에 대한 정리다. 이건 어디서 사야 좋고, 때가 되면 저걸 바꿔줘야 해. 그런 내용이 한가득이다. 죽기 직전 차분히 앉아 하나하나 적고 앉아 있었던 남편을 생각하면 화가 치밀었다.

"그렇게 걱정되는 사람이 죽긴 왜 죽어."

아내는 경찰서에 유서를 그냥 두고 나왔다.

(경) 언니는 5월 중순쯤에 핸드폰 메모로 이미 글을 남겨 놨어요. 그때도 뭔가 계속 고민을 했을 것 같아요. 자살이나 죽음에 대한 검색도 많이 해본 기록이 있어요. 그리고 유서는 죽기 직전에 휴대폰 메모를 옮겨 쓴 것 같아요. 글씨체가 좀 그래요. 격앙되어 있다고 해야 하나. 그런데 내용은 이전 메모와 거의 똑같아요.

(원) 제 동생의 유서는 길지 않았어요. 짧은 문장 몇 개였는데 읽기에 따라 긍정적일 수도 부정적일 수도 있는 그런 말인 것 같아요. 확실한 것은 누군가를 완전히 미워하거나 탓하면서 죽은 것은 아니었어요.

2015~2019년까지 중앙심리부검센터에서 실시한 심리부검면담 결과 보고서에 의하면 사망 전 유서를 작성한 자살 사망자는 자살 사망자 전체의 약 46.5%였다.○ 유서 내용에 대한 다중 응답 분석 결과 '가족이나 친구 및 지인을 향한 개인적 메시지'가 가장 많았으며, 그다음으로 '자살 이유', '사후 처리', '자살 후 사체 처리' 순이었다. 일반적으

로 자살 사망자의 약 25~30% 정도가 유서를 남긴다고 알려져 있지만 심리부검면담자의 표본 특성상 유서를 작성한 비율이 높게 나타났다.

유서는 그 안에 담긴 내용에 따라 사별자에게 미치는 영향이 다르다. 죽음을 향한 강렬한 충동에 사로잡혀 있는 순간 사망자의 의식 상태는 그렇지 않은 평범한 일상의 상태와는 매우 다를 것이다. 어떤 유서는 논리적으로 앞뒤가 맞지 않고 장황할 수도 있으며, 어떤 유서는 사별자가 알고 싶어 하는 '왜'라는 질문에 대한 답을 담고 있을 수도 있다. 때로는 아무런 이유도 담지 않은 유서도 있다. 중요한 것은 유서가 사망 직전 또는 죽음을 생각하기 시작한 그 순간의 정신 상태를 반영한 것이지, 고인의 일생 대부분의 시간 동안의 어떤 것을 말해주는 것은 아니라는 점이다. 어떤 유서도 고인의 삶을 끝내기로 한 결심과 관련된 모든 이유, 생각, 감정을 담고 있기는 힘들다.

때로 사별자들은 고인이 죽음을 파악할 만한 유서나 메모 하나 남기지 않았다는 것에 고인을 답답해하거나 원망하기도 한다. 갑작스럽게 자살 충동을 느끼는 사람들 대부분은 가족을 비롯한 주변 사람들에 대해 생각조차 하기 힘든 상황일 수 있다. 벗어날 수 없는 덫에 빠진 듯한 무력감과 고통에서 빠져나가는 유일한 방법이 죽음이라 생각하고 그 생각에 몰두한다. 실제 자살 시도를 했다가 여러 가지 이유로 구조되어 살아남은 생존자들 대다수의 증언들도 그러하다. 나는 애도 상담에서 사별자들이 그들의 애도 시기와 과정에 따라 같은 내용의 유서를 매우 다르게 읽고 해석하는 경우를 자주 목격했다.

심리부검면담에 참여하기 위해 경찰서에 버려두고 온 남편의 유서를 다시 챙겨온 아내가 처음과 다르게 유서를 해석하기 시작한 것은, 죽음 직전 남편이 겪었을 고통을 조금씩 이해하기 시작하면서부터였다.

"남편은 그 순간에도 우리를 생각했어요."

사별자가 고인의 유서를 특별하게 생각한다면 어떤 내용을 어떻게 해석하고 받아들이는지 이야기해볼 필요가 있다. 만일 고인의 유서를 자신의 남은 인생을 좌지우지할 천금 같은 말로 무겁게 받아들여 스스로를 속박하고 있다면, 죽음 직전 고인의 마음 상태를 이해할 수 있는 단서 정도로만 받아들일 수 있도록 해야 한다. 사별자는 이제 애도 여정을 시작하며 몇 챕터에 달하는 고인의 인생 이야기를 만들어가야 한다. 유서는 고인 인생의 마지막 장에 기록될, 죽음 직전 고인의 마음이 이랬노라 알 수 있는 작은 부분일 것이다.

사별 직후의 감정을 '통과'하는 일

눈빛은 텅 비어 있고, 온몸을 꽁꽁 묶어놓은 듯 움직임이 없다. 가끔 옅은 미소를 보이기도 한다. 그리고 그날 일에 대해 단조롭게 얘기한다. 신문에 난 사건 기사를 읊조리는 것 같기도 하다. 격한 감정은커녕 눈물 한 방울도 없다. 무언가 잃었다는 것을 채 느낄 시간도 없이 애도 상담에 찾아오신 분들의 모습이다. 사별 직후 자살 사별자들은 '슬픔'을 느끼지 못한다. 슬픔은 중요한 것을 상실했거나 목표를 잃어버리거나 달성하지 못한 것에 대한 감정적 반응이다. 슬픔은 다른 사람에게 나의 필요를 전달하고 사랑받고 연결되기를 원하는 감정이다. 일반 사람들이 생각하는 것과 달리 자살 사별자들은 '슬픔'이라는 당연한 감정에 도달하여 온전하게 슬퍼할 수 있을 때까지 꽤 많은 시간이 필요하다. 사별한 지 3개월 이내에 애도 상담에 찾아온 내담자들은 도대체 무엇을 슬퍼해야 할지 모르는 사람들처럼 보인다. 왜냐하면 그들은 아직 그들에게 일어난 일을 이해하지 못했고, 따라서 무엇을 잃었는지 인식하지 못했기 때문이다. 정해진 순서는 없지만 사별 직후 비로소 감정이란 것이 느껴지기 시작할 때 가장 먼저 찾아오는 것은 원망과 분노, 불안과 공포, 죄책감이 뒤엉켜 불같이 타오르는 감정 덩어리다. 하나하나 떼어 내며 이것은 불안, 이것은 공포, 이것은 원망이라고 이름 붙이려는 순간, 다른 감정으로 모습을 바꾼다. '제 정신이 아닌 것 같아요'라고밖에 말할 수 없는 어떤 상태로 한동안 머물러 있다.

민 사람이 이렇게 갑자기 죽을 수도 있는 거구나 하는 생각에 타격이 컸어요. 가족도, 친구도 지인들도 갑자기 어느 순간 떠날 수도 있겠다는 생각이 커지면서 공포랄까, 불안이 엄청났어요.

원 저도 그랬어요. 가족이 안전하지 못하다는 생각, 어떤 위기 상황이 또 닥칠 수도 있다는 생각 때문에 억지로 함께 있으려고 했어요. 하지만 막상 함께 있으면 숨 막히고 괴롭기도 했어요.

한밤중 창문에 붙은 벌레의 작은 움직임 소리에 겁에 질려 일어나 잠든 아이 방에 들어가 아이의 안전을 확인했다는 사별자는 언제든지 누군가 또 죽을 수도 있다는 막연한 공포 때문에 일상의 모든 것이 생명을 위협하는 것으로 느껴졌다고 했다. 죽음을 생각하는 사람에게 주변의 모든 것이 죽음에 이르는 사물이 될 수 있었던 것처럼 사별자 역시 한동안 그런 시간을 겪는 듯하다. 특히 경제적인 책임을 지고 있었던 가장의 죽음 이후 아이와 남겨진 아내들은 '생존'에 내몰리면서 자살 사고, 두려움, 공포에 휩싸이곤 한다. 그러다 영안실에서 마지막으로 본 평화로운 모습의 남편의 얼굴이 떠오른다. 너의 안식을 얻고자 나를 고통 속으로 처박았다는 생각에 따라오는 분노. 그리고 곧 이 고통이 영원히 지속될까 봐 불안하다. 그 사람 없이 다가올 모든 일들을 혼자 해결해야 한다는 생각에 불안하고 다시는 행복해질 수 없을 거라 생각해서 또 불안하다.

꺼내서 말하고 또 말하다 보면 엉킨 감정의 실타래가 조금씩 풀린다. 당신의 분노는 이것 때문이군요, 당신 불안은, 당신의 공포의 시작은 여기였고 끝이 저기를 향해 있어서 그렇게 아픈 거였군요. 그제야 슬픔이 밀려온다. 결국 사별자들이 느껴야 하는 것은 슬픔이다. 하지만 온전한 슬픔은 아주 깊숙한 곳에 고통과 불안, 공포, 분노 뒤에 숨어 있어서 그곳에 쉽게 다다르기 힘들다. 자살 사별자 혼자 이 과정을 통과하기는 쉽지 않은데, 혼자라면 대부분 그런 감정이 없는 것처럼 가장하거나 출구 없이 자신을 강렬한 감정에 산화시켜버리는 경우가 많기 때문이다. 여기에 죄책감이 더해진다면 더더욱 그렇다.

죄책감을 어떻게 받아들이고 다루어야 할까

심리학에서 죄책감이라는 감정은 도덕적 가치관을 위반했고, 그래서 그 행동을 취소하거나 수정하도록 만드는 감정으로 설명한다. 죄책감을 감소시키기 위해서는 자신을 용서하거나 또는 자신이 부족했다고 믿는 부분을 보충해야 한다고 한다. 죽음 이후 사별자들이 느끼는 죄책감은 사별자를 한 발자국도 앞으로 나아가지 못하게 옭아매는 감정이다. 죽음은 사별자가 어떤 행동을 취소하거나 수정한다고 해서 돌이킬 수 있는 것이 아니기 때문이다.

경 돌이켜 생각해보면 언니는 살면서 늘 언젠가 정말 죽을 것 같아서 늘 불안했던 것 같아요. 어린 시절부터 부모님 불화 때문에 불안했고, 이후에도 언니는 이런저런 상처받는 경험들이 많았어요. 그럼에도 맑고 밝게 살려고 정말 노력했던 사람이에요. 그러면서 동시에 죽겠다는 말을 사실 자주 했었어요. 어렸을 때도 그랬고, 고등학생 때도 대학생 때도 그랬어요. 그러다 보니 저는 어렴풋이 언니가 정말 죽을 수도 있겠다라는 생각을 자주 했어요. 언니가 힘들어할 때도 저는 언니가 힘든 거 알았어요. 그런데 인정하기 싫었나 봐요. 신경 쓰고 싶지 않았던 거 같기도 하고. 그래서 언니가 힘들어할 때 같이 못 있어줬어요. 그게 가장 크게 죄책감으로 남아요.

경이는 언니에게 모든 것을 맡기고 언니가 힘들어했다는 것을 알면서도 방관자의 위치에 있었던 자신에 대해 엄청난 죄책감을 느끼고 있었다. 자기가 얼마나 이기적으로 살았는지 자책하고 자책했다.

(선) 동생이 아픈 시기에 저는 같이 살지 않았기 때문에 많은 교류는 없었어요. 언젠가 동생이 연락을 해서 자기가 살아야 하는 이유가 뭘까 이런 식으로 철학적인 질문을 하듯이 얘기한 적이 있었어요. 그래서 그때 제가 왜 그런 질문을 하는지 다시 묻고 얘기하긴 했는데 동생 말이 잘 이해가 안 됐어요. 그래서 그냥 '우리는 감사할 것이 많지 않니?' 이렇게 말했던 게 저는 제일 후회스러워요. 그냥 더 물어봤으면 어땠을까, 더 들어줬으면 어땠을까, 그런 죄책감과 후회가 있어요. 그리고 동생이 힘들어할 때 거의 엄마가 돌봐줬기 때문에 저는 정말 관심이 없었어요. 제가 정말 이기적으로 내 생활하느라 내 삶을 살기 바빴구나, 그런 후회가 많이 생겼어요. 동생이 그런 말을 했을 때 제가 뭔가 더 인식했으면 좋았을 텐데. 어찌 보면 마주하고 싶지 않았는지도 모르겠어요. 시간이 지나면 괜찮아지겠지. 그렇게 제가 믿고 싶은 대로 믿으면서 그냥 외면한 것 같아요.

선이도 경이와 비슷하다. 힘들어하는 동생의 마음을 좀 더 물어봐주지 못한 것, 자신의 방식대로 말하고 믿으며 동생의 마음을 외면했다는 생각에 드는 죄책감이다.

(민) 저는 약간 다른 종류의 죄책감이 있어요. 저는 어떤 일이 있으면 내가 할 수 있는 것을 찾아서 해결해야 한다는 책임감, 사명감이 있어요. 그런데 오빠 죽음에 대해서도 그런 걸 많이 느껴요. 오빠 죽음을 헛되게 하면 안 된다. 그러면 내가 뭘 해야 할까, 그런 책임감, 사명감이요. 그래서 뭔가 계속해야 하고 뭔가를 하지 않으면, 가만히 있으면 죄책감이 생겨요.

민이의 인생에서 오빠는 그렇게 중요한 사람이 아니었다. 그래서 민이는 자기가 뭔가를 해서 오빠의 죽음을 막을 수도 있지 않았을까에 대한 죄책감은 많지 않았다. 그보다 오빠에게 따뜻한 말 한마디 해준 적 없었던 것에 대한 안타까움, 아쉬움이 더 컸다. 하지만 민이에게는 다른 종류의 죄책감이 생겼다. 오빠의 죽음에 대해 뭔가를 하지 않으면, 가만히 있으면 안 될 것 같은 죄책감이다. 민이가 오빠의 죽음에 대해 글을 써서 알려야 한다고 생각한 것도 그런 맥락이다. 과로자살에 대해 알려 오빠와 비슷한 상황에 처한 사람들을 돕고 싶은 마음, 그런 노력을 하지 않았을 때 드는 죄책감이다.

우리는 예기치 못한 충격적인 일을 갑자기 마주하게 되면 자신이 겪은 일을 이해하고자 하는 욕구가 생긴다. 나는 왜 이 일을 겪었는가, 어디서 누구 때문에 생긴 일인지 그 책임 소재를 따지는 일은 인간의 자연스러운 욕구이다. 자살 사별자는 죽음 사건 직후 다양한 감정들에 휩싸이게 되는데, 특히 죄책감은 자살 사별자를 가장 오랫동안 처절하게 괴롭히는 감정이다. 자살 사별자는 고인의 죽음을 막기 위해 했어야 했던 것과 하지 말았어야 했던 자신의 모든 행동을 낱낱이 떠올리곤 한다. 그리고 마치 무대 위에 핀 조명이 내리꽂히는 것처럼 그 순간은 확대되고 선명해지면서 다른 맥락은 모두 어둠 속에 갇힌다. 특정 순간의 그 행동이란 죽음 직전에 며칠, 몇 달 전에 있었던 일에서 시작했다가 고인의 탄생에서부터 죽음 직전에 이르기까지 모든 시점으로 확산되기도 한다. 때로는 죽음에 대한 모든 책임이 사별자 자신에게 있는 것으로 생각되었다가, 고인

주변에 마땅한 인물을 찾아 원망의 화살을 꽂기도 한다. 어떨 때는 화살통의 화살을 무작위로 허공에 쏘아대며 괴로워하기도 한다.

자살의 이유를 찾을 때 솟구치는 죄책감과 더불어 그 이유를 생각하는 과정에서 사별자가 고인과의 관계에서 어떤 역할을 충분히 하지 못했다고 생각할 때 떠오르는 죄책감이 있다. 부모로서, 형제자매로서, 배우자로서, 친구로서, 자녀로서 왜 사별자 자신은 고인의 아픔을 몰랐던가, 왜 고인이 아픔을 털어놓는 대상이 되지 못했던가를 생각하면서 쓰나미처럼 밀려오는 죄책감이다. 죄책감은 사별자에게 '이랬다면 어땠을까?'로 점철되는 무한 가정법의 세계로 몰아넣는다. 가정법의 세계 속에서 어떤 방향으로 걸어도 결국 종착지는 고인의 죽음이지만, 그럼에도 불구하고 걸을 수 없을 때까지 걸어야 비로소 멈출 수 있다.

자살 사별자가 죄책감을 어떻게 받아들이고 다루는지에 따라 애도 과정이 달라지는 모습을 많이 목격했다. 쉽지 않겠지만, 막기 위해 할 수 있었던 주변 사람의 시도와 노력에는 한계가 있음을 받아들여야 한다. 나는 내담자들에게 알프레드 알바레즈의 책 《자살의 연구(The Savage God: A Study of Suicide)》에서 묘사한 자살에 대해 이야기하곤 한다.

> "일단 어떤 사람이 목숨을 끊으려고 결심한다면, 전적으로 설득당해 난공불락으로 닫힌 세상으로 그가 들어가버린 것이다. 그곳에서는 모든 세세한 것들이 맞아떨어지고 모든 일이 그의 결정을 강화해준다. 이러한 죽음은 모두 각각 그 나름의 내적 논리와 다시는 없을 절망을 담고 있다."

물론 자살 사별자들은 이야기한다. "나 편하자고 하는 합리화 아닌가요?" 자신이 이렇게 했다면 막을 수 있을 거라고 얘기하는 자살 사별자들 중 일부는 자신이 고인의 인생을 좌지우지할 만한 중요한 사람이라고 믿고 있거나 그렇게 믿고 싶어 한다. 시간이 흘러 동생에 대한 죄책감이 조금씩 흐려지는, 흐려지는 것이 또다시 미안하지만, 동생 죽음 직후 느꼈던 '내가 이랬다면 막을 수 있지 않았을까'의 죄책감에서 벗어난 선이의 말은 이렇다.

선 동생에게는 나라는 사람 외에도 다양한 사람들과의 관계가 있고, 제가 어떤 말을 하고 행동한다는 것이 동생에게 정말 절대적이거나 엄청난 변화를 주기 힘들 수도 있겠다고, 그렇게 생각이 조금 변했어요.

원 지금 그 말씀 너무 좋은 것 같아요. 동생에게 나 말고도 영향을 줄 수 있는 사람들도 있고 그런 관계들이 많다는 생각이요. 그걸 이해하고 받아들이는 게 정말 중요한 것 같아요. 죄책감이라는 게 조금 자기중심적인 측면도 있는 것 같다는 생각이 들어요. 뭐랄까 그 죽음에 내가 굉장한 어떤 영향을 미칠 수도 있을 것 같다는 생각을 자꾸 하게 되는 측면에서요. 그런데 사실 그 순간으로 다시 돌아간다면 내가 뭔가 다른 걸 할 수 있을까, 그런 생각을 해요.

어린 자녀를 자살로 잃고 죄책감에 몸부림치는 부모를 만나는 일은 언제나 가장 괴롭고 슬프다. 그분들이 온몸으로 뿜어내는 고통이 방 한가득 채워질 때 숨이 턱턱 막히고 옴짝달싹 못 하게 몸이 굳어지는 느낌이 들 때가 있다.

상담에 오신 지 꽤 오랜 시간이 지났을 때 그분이 이런 말씀을 했다.

"처음 뵀을 때 선생님이 당신의 잘못이 아닙니다, 라고 하셨으면 저는 상담에 안 왔을 겁니다."

자살 사별자들을 만나는 정신건강 전문가들도 자살은 그 사람의 선택이므로 당신의 잘못이 아니라는 식의 선부른 위로를 하기도 하지만, 사별자들은 자신의 잘못을 찾아내어 반박할 수 있다. 그것도 아주 많이 말이다. 나는 그분과 아주아주 긴 시간을 아이의 죽음에 기여했다고 생각하는 자신의 말과 행동에 대해, 그리고 죄책감에 대해 이야기 나눴다. 그때는 최선이라고 생각했지만 지금 돌이켜 생각해보면 모두 최선이 되지 못했던 일들 말이다.

죄책감의 원천은 일부 '사후설명편향(hindsight bias)'과 관련성이 높다. 사후설명편향이란 어떤 일이 벌어진 이후에 그 일이 왜 벌어졌는가에 대한 설명(hindsight)은 어떤 일이 벌어지기 전에 그 일에 대해 예측하기보다 쉽고, 이러한 사후설명은 실제로 우연적인 사건일지라도 필연적으로 그렇게 벌어질 수밖에 없었던 것처럼 보이게 한다. 특히 예상치 못한 나쁜 결과가 발생했을 때 자연스럽게 나타나며 이로 인해 죄책감을 느낀다. 자신이 알았던 것과 결과 발생 후 알게 된 것이 합쳐서 혼란스러워지기도 한다. 그렇다면 자살 사별자의 죄책감은 언제 사라질까? 사라질 수 있을까?

자살 사별자의 죄책감은 애도 과정의 진행에 따라 몇 번의 변신을 한다. 무엇을 했거나 하지 못했기 때문에 고인이 자살했다는 죄책감, 고인에게 충분히 좋은 사람이 되지 못한 것에 대한 죄책감, 만일 그랬더라면의 죄책감, 고인의 죽음 직전 몇 달 혹은 몇 년 전에 실제로 저지른 사별자의 어떤 잘못 때문에 비극이 일어났다고 생각하는 죄책감. 고인은 죽고 자신은 살아 있다는 것에 대한 죄책감, 내가 제대로 애도하고 있지 못하다는 것에 대한 죄책감, 그 사람 없이 긍정적인 기분을 느끼거나 활동을 할 때 느끼는 죄책감들이 순간순간 올라갔다 내려가고 옅어지는가 싶다가 다시 선명해진다. 하지만 시간의 흐름과 함께 고인의 죽음에 대한 수용 가능한 어떤 이야기를 사별자가 만들어갈수록, 그리고 고인의 끝이 아닌 그 사람의 인생 전체에 대한 기억을 떠올릴수록 죄책감은 옅어진다. 사별자 스스로 자신에 대한 연민의 끈을 놓지 않고 이 과정을 통과해갈 때, 죄책감은 슬픔과 미안함으로 바뀌는 것 같다. 사별자가 온전한 슬픔을 경험하도록 하는 것은 정상으로 돌아가거나 고인과 함께 있었던 때로 돌아가는 것이 아니다. 그 사람의 죽음을 인정하고, 빈자리를 보고 있으면서도 여전히 삶은 의미 있고 즐겁다는 것을 느낄 수 있도록 돕는 일이다.

네 번째 모임을 마치며

자살 사별자의 애도 과정이 자살이 아닌 죽음으로 누군가를 잃은 사별자의 애도 과정과 다른가에 대해 질문을 받을 때 나는 분명 다르다고 이야기한다. 무엇이 다른가, 하나만 꼽으라고 한다면 그것은 바로 '죄책감'이다. 백혈병으로 자식을 잃은 부모가 하는 '우리 아이는 정말 살고 싶어 했다'라는 말은 자살로 자식을 잃은 부모와 애도 경험을 공유할 수 없는 선을 만든다. 교통사고로 갑작스럽게 배우자를 잃은 사람은 어느 날 갑자기 찾아온 불행한 사건이 기막혀 슬프긴 해도 버림받은 느낌 때문에 고인에 대한 분노가 치밀지는 않는다. '스스로 목숨을 끊었다'라고 할 때 '스스로'는 고인의 죽고자 하는 의도를 얘기하고 있지만 남겨진 사람들은 마치 그 '스스로'를 만든 것이 온통, 그리고 오직 자신인 것인 양 죄책감을 느낀다.

같은 자살 경험을 했더라도 자살 유가족들 사이에는 보이지 않는 차이가 만들어낸 선들이 있다. 자살과 직접적인 연관성이 있다고 믿는 정신질환 병력이 있었다거나 큰 부채가 있어 '그럴 만했다'라고 할 만한 이유가 있는 경우를 그렇지 못한 자살 유가족이 부러워한다. '그분은 정신과 입퇴원을 반복했잖아요. 그 사람은 우울증 같은 거 없었습니다', '물론 다른 이유도 있었겠지만 저분은 감당하지 못할 큰 빚이 있었잖아요. 저희는 그런 거 없었습니다'. 이런 말은 자조모임에서도 애도 상담에서도 꽤 자주 듣는 말이다. 어떤 점이 부러웠을까. 손에 잡히는 이유가 있다는 것은 고인의 죽음을 인정하는 데 도움이 되기도 하고 고인의 죽음에 대한 자신의 책임이 약간은 면제되는 것 같은 느낌을 주기도 하기 때문이 아닐까 한다.

처음 애도 상담을 시작할 때 자살 유가족에 대한 외국

의 선행 연구를 이것저것 찾아본 적이 있었다. 그 연구에서는 분명 자살 유가족이 다른 종류의 사별을 경험한 유가족에 비해 특별히 더 큰 죄책감과 책임감을 경험한다는 뚜렷한 증거는 없다고 했었지만 상담실에서, 자조모임에서 만났던 우리나라의 자살 사별자들은 그렇지 않았다. 우리나라 특유의 집단주의 문화 때문일까? 집단주의 문화에서는 개인 행동의 이유를 그 사람의 어떤 특성이나 선택에 의한 결과라고 생각하기보다는 관계적 맥락이나 개인이 속한 집단의 영향에서 찾는 경향이 강한 편이다. 게다가 자살 유가족은 고인의 자살을 자신의 노력이나 능력 부족과 같은 내적 요인으로 귀인하고자 하는 경향이 강하기 때문에 고인의 죽음에 대해 필요 이상으로 자신의 영향력을 과대 추정하면서 죄책감에 빠지게 된다.

국가 수준의 자살예방정책을 펼 때 '자살 예방은 우리 모두의 일'이라는 캐치프레이즈를 걸고 너도나도 자살을 막기 위해 힘써야 한다고 교육한다. 그러나 자살 사망자가 발생하면 그것은 당신 혹은 당신 가족의 일이 되어버린다. 자살 사별자들이 느끼는 죄책감은 우리 사회가 한 개인의 자살에 대한 책임을 조금이라도 나눠 가지려고 할 때 아주 조금은 덜해질 수 있지 않을까?

5장

고인의 행복, 고뇌, 열정까지 온전히 기억하기

다섯 번째 애도의 밤

우리는 다시
만날 수 있다는
믿음

모임 시작 전 안부 인사를 나눌 때 경이는 밝은 표정으로 꿈속에서 만났던 언니 얘기를 했다. 꿈속에서 언니는 꽤 좋아 보이는 새집에서 경이가 좋아하는 맛있는 요리를 해주었다고 했다. 좋아하는 새우가 듬뿍 들어간 음식을 먹으며 경이는 행복했고, 언니가 편안해 보여서 경이의 기분도 덩달아 좋아졌다고 했다. 지금 경이가 바라고 있는 모든 것들이 들어 있는 꿈 같았다.

이곳에서의 고통을 끝내기 위해, 어쩌면 살기 위해 죽음을 선택했다고 고인의 죽음을 이해하는 사별자들은 때로 그곳에서 그들이 원하는 평안을 얻었을지 궁금해한다. 만약 거기에서조차 고통 속에 허우적거리고 있다면 못 견딜 것 같다며 어떻게든 확인해보고 싶다고 한다.

때론 이런 간절함이 사별자의 꿈으로 고인을 초대한다. 꿈속에서 고인이 편안한 모습으로 나타난다면 그것이 비록 내가 만들어낸 소망이 꿈속에서 재현되는 것일지라도 조금 안도할 수 있다. 어떤 분들은 점쟁이나 무당을 찾아가서 그들의 입을 통해 '난 괜찮아. 여기 잘 있어. 너도 잘 살아'라는 말을 듣고 나서야 안심한다. 육신은 사라졌지만 어딘가에 그 사람이 존재하고 내 삶이 다했을 때 우리는 다시 만날 수 있다는 믿음. 그런 믿음이 고인의 죽음 이후 사별자의 삶을 다시 살아낼 수 있는 큰 힘이 되곤 한다.

나는 유아세례를 받았던 천주교 신자였다. 성인이 되면서 신앙과는 거리가 멀어졌고 그다지 영성적인 사람도 아니다. 우주 만물과 내가 연결되어 있다는 느낌, 자기 초월성도 높지 않다. 심리학은 인간의 마음과 행동을 과학적으로 연구하는 학문이고, 나는 학부부터 지금까지 수십 년간 이런 심리학적 훈련을 받은 사람이기도 하거니와 타고 난 반골 기질 덕분에 보지 않고도 믿을 수 있는 어떤 덕이 나에겐 별로 없다. 그러나 누군가의 죽음을 경험한 사람들, 해석이 불가능한 외상적 사건을 경험한 사람들을 만나면서 왜 인간에게 종교가 필요한지 조금 알 것 같았다. 인간이 만약 불로불사의 존재였다면 종교는 필요 없었을 것이다. 민이의 어머니는 아들의 죽음 후 전보다 훨씬 더 신앙에 매달렸고, 원이의 가족도 한동안 매일 새벽 미사에 참석했으며 부모님은 성경 필사를 하면서 고통의 시간을 밀어냈다. 경이는 독실한 불교 신자로 불교식 의례에 따라 언니를 보냈고 언니의 평안을 위해 절실히 기도했다. 자살 사별 이후 신앙을 가졌던 분들 중 많은 사람들은 자신의 믿음에 대해, 신에 대해 회의적이 되는 경우가 많고 이런 내용 또한 애도 상담의 중요한 주제로 떠오르곤 한다. 나는 어떤 종교든 죽은 자를 잘 떠나보내고 기억하며, 남은 자를 위로하는 교리를 담고 있다고 생각한다. 조금씩 나아지고는 있지만, 그래도 여전히 우리 사회의 종교는 '자살'이라는 죽음의 방식과 자살 사별자에 대해 제대로 이해하지 못한 것 같아 안타깝다.

꿈속에서 언니를 만나 한껏 기분이 좋아진 경이를 비롯해 원이, 민이, 영이, 선이 모두 부쩍 서로에게 친밀감을 느끼는 것 같다. 사소한 농담을 하며 웃는 시간이 점점 늘어간다. 주제에서 벗어나 또래의 관심사 이야기에 한참 머물 때도 있다. 나는 방 밖으로 퍼져가는 이들의 웃음소리를 듣는 것이 참 좋았다. 그렇게 한층 가까워진 우리는 다섯 번째 모임을 시작한다.

각자 묶의 애도가 있다 1

: 부모와 자녀의 관계

외상적 사별 이후 남겨진 사람의 대인 관계에 큰 변화가 찾아온다. 곁에 머무는 사람도 있고 떠나는 사람도 있다. 곁에 머물러주길 간절히 원했지만 떠나고야 마는 사람도 생긴다. 때로는 관계의 불편함을 견디기 힘들어 사별자 스스로 자신을 고립시키기도 한다. 죽음 사건 이전에 중요한 사람이라고 생각했던 사람에게 실망하기도 하고, 생각지도 못한 의외의 사람에게 위로와 지지를 받으면서 새로운 관계가 만들어지기도 한다. 자살 사별자는 이 변화를 인정하고 적응해야 한다. 대인 관계의 변화는 사별 직후에는 잘 느끼지 못한다. 강렬한 고통의 폭풍이 잦아들면서 나 외에 주변 사람들이 보이기 시작할 때쯤부터 조금씩 인식된다. 그 사람만 없을 뿐, 모든 관계는 고인이 있던 그때처럼 제자리를 지켜주길 바라는 것은 환상이다. 만일 그 사람이 있을 때와 매우 똑같이 관계가 유지되고 있다면, 그 관계를 유지하기 위해 누군가는 자신의 애도를 희생하고 있는 경우가 많다. 많은 자살 사별자들이 '그 사람을 대신할 수 있는 것은 없다'고 말하면서도 누군가로 대체하려고 하거나 자신이 고인의 역할을 맡음으로써 고인의 빈자리가 없는 것처럼 행동한다.

형제를 자살로 잃은 한 내담자는 부모에게 영원히 안타까운 자식으로 남아 있을 고인과 경쟁했고 이내 열패감에 빠졌다. 뭘 해도 부모님을 기쁘게 하거나 만족시킬 수 없다는 생각 때문이다. "제가 죽은 사람을 어떻게 이기겠어요?"라고 자조하면서도 고인의 빈자리를 메꾸려 노력했고 그런 노력을 무색하게 만드는 부모님의 반응에 매번 실망했다. 그러다가 여전히 죽은 자식을 그리워하는 부모님을 원망했다. "왜 저를 있는 그대로 봐주지 않는 거죠?"라고 말이다.

자녀를 자살로 잃은 부모 중 남겨진 자식이 행복하게 잘 살아주길 바라면서도 매번 먼저 간 자식의 그림자가 남겨진 자녀에게 겹쳐 보여 고통스러운 분들도 있다. 지금 이 아이에게 하는 것처럼 내가 그 아이에게 했더라면 어땠을까 하는 후회, 살아 있는 자식이 마치 고인의 운을 다 뺏은 것 같다는 얼토당토않은 생각 때문에 드는 미움 같은 것들이 부모를 괴롭힌다. 부모가 겉으로 드러내놓고 말하지 못하는 미묘하고 복잡한 감정들을 남겨진 자녀는 아주 잘 포착하지만, 부모는 그들이 자신의 일거수일투족 얼마나 예민하게 관찰하는지 잘 알지 못한다.

오랜 기간 우울증과 알코올중독을 앓았고 수차례 자해와 자살 시도를 했던 아들을 잃은 어머니가 있었다. 곤궁한 살림에 경제적으로 무능한 아들을 돌보느라 어머니의 건강도 점차 나빠졌다. 어머니에게는 딸도 있었다. 동생의 사망 이후 그녀는 먼 거리를 오가며 어머니의 건강을 살폈다. 어머니가 걱정된다며 상담에 어머니를 직접 모시고 온 것도 딸이었다. 상담 내내 어머니는 아들이 보고 싶고 아들을 따라가겠다며 절규했다. 상담이 진행되면서 어머니는 '아들 대신 차라리 딸이 갔으면 이렇게 힘들지 않았을 것이다'면서 딸을 원망했다가 그런 생각을 하는 자신이 무섭다며 죄책감을 느꼈다. 그사이 딸은 점점 지쳐갔다. 살아 있을 때도, 죽어 있을 때도 어머니의 마음은 동생에게 향해 있는 것 같아 그녀는 억울했다. 급기야 그녀는 엄마에게 분노를 폭발했다. 그 못난 자식이 뭐가 그렇게 그리우냐, 나는 보이지도 않느냐, 엄마는 늘 그런 식이었다고 퍼부었다. 엄마는 그런 딸을 보면서 아들을 더욱 그리워했다.

(원) 저희 엄마는 한동안 거의 움직이지 않고 가만히 계셨어요. 엄마가 죽을까 봐 너무너무 무서웠어요. 거의 1년 정도는요. 집안 커튼이 암막인데 늘 암막이 다 내려가 있고 환기도 안 시키고. 집에 들어가면 동굴 속에 들어가는 느낌이었어요. 그러다가 어느 순간 거실 문 한쪽이 열리고 커튼이 올라가 있는 날이 있었는데 그날이 저한테는 정말 기념비적인 날이죠. 집에 들어갔는데 바람이 불고 공기가 흘렀어요. 그때까지 잘 기억도 안 나고 산 사람 같지 않게 살았

던 것 같아요. 동생 죽음에 대해 저는 엄마도 그렇고 아빠에 대해서도 좋지 않은 감정들이 좀 많았어요. 그런데 아빠가 동생 사진을 모두 출력해 정리해둔 걸 보고, 내가 아빠의 슬픔을 과소평가했구나 생각했어요. 아빠랑 저랑 모두 엄마만 바라보며 어떻게 될까 봐 전전긍긍했었어요. 그러다가 상담을 받으면서 제가 어떻게 할 수 없는 부모님의 고통이 있고, 가장 중요한 것은 제 자신을 돌봐야 한다는 걸 알았어요. 제가 저를 돌보니까 아빠의 애도도 보이고 엄마의 고통도 이해하게 되었어요.

가족 구성원의 자살 이후 나는 괜찮지만 다른 구성원의 애도를 걱정하면서 상담을 대신 신청하는 분들이 꽤 있다. 대부분은 부모를 걱정하는 딸이다. 그런 분들을 만나면 나는 꼭 잠깐이라도 그 딸들을 만나 이야기한다. 누구도 대신할 수 없는 그리고 고인과의 관계에 따라 당사자만 아는 각자 몫의 고통이 있다는 사실과 당신 역시 자살 사별자로서 애도할 권리가 있다고 말이다.

각자 몫의 애도가 있다 2

: 남편 사별 이후 시댁과의 관계

심리부검면담에서도 그랬듯 애도 상담에서 가장 많이 만났던 분들은 배우자를 잃은 아내들이었고 남편의 죽음 직후 이들이 가장 힘들어하는 관계는 남편의 가족들인 경우가 많았다. 자녀가 있다면 있는 대로, 없다면 없는 대로 괴로운 이슈가 생긴다. "당신 자식이 죽었는데 명절에 차례를 지내는 게 그렇게 중요한가요?", "자식 앞세우고 당신 건강 챙기겠다고 좋은 거 챙겨 드시고 건강검진 받고 그러고 싶으실까요?" 남편이 없는데 며느리 역할을 그대로 하길 바란다는 시부모님에 대한 원망을 쏟아내는 아내가 있었다. 결국 이분은 과거에는 했던 며느리의 책임과 도리를 정리하겠노라 선언했다.

본인 마음은 썩 내키지 않지만, 자식을 위해 시댁과의 관계를 남편이 있었던 그때처럼 유지하고 싶다는 분들도 있다. "아이들한테는 할아버지, 할머니잖아요. 그 관계를 제가 싫다고 끊을 수는 없어요." 그러나 시부모님이 손주를 대하는 태도가 달라졌다며 어쩜 그러실 수가 있느냐며 원망한다. 시부모의 입장에서 손주는 먼저 간 자식의 핏줄이기도 하지만 두 눈 시퍼렇게 뜨고 있는 며느리의 핏줄이기도 하다는 생각을 남편을 잃은 아내들은 잘 하지 못한다. 특히 사별 직후라면 며느리를 보는 시부모의 마음은 매우 복잡하다. 남편을 잃고 혼자 아이들을 키우려면 얼마나 힘들까 안쓰럽다가도 죽은 내 자식만 억울한 것 같아서 며느리의 말과 행동 하나하나가 거슬린다. 차라리 '내 마음이 이래서 너 보는 것이 불편하다'라고 대놓고 말을 하면 좋겠지만 대부분 직접적인 말 대신 미묘한 태도와 행동으로 표현한다. 며느리는 '당신 아들을 만나지 않았다면 내가 이런 일을 당할 일도 없었을 것'이라는 마음이 있을 수 있다. 당신이 그렇게 낳지 않았느냐, 당신이 그렇게 키우지 않았느냐 하는 말을 할 수만 있다면 시부모님에게 퍼붓고 싶다.

이런 양측이 남편과 아들이 살아 있을 때처럼 관계를 유지할 수 있다고 생각하는 것은 비합리적인 믿음이다. 고인의 죽음을 이해하는 각자의 방식을 이해하고 변화된 관계에 새롭게 적응해야 한다. 관계에서 어떤 기대를 포기해야 하는지, 혹은 변화된 관계에서 새롭게 기대해볼 수 있는 것은 무엇인지, 때로는 나를 다쳐가며 억지로 관계를 유지할 필요가 있는 것인지 생각해야 한다. 이 모든 시간을 거쳐 갔던 한 자살 사별자분이 이런 말씀을 하셨다. 아버지를 잃은 아이의 감정을 알아차리는 데 1년, 아들을 잃은 남편 부모의 감정을 알아차리는 데 2년, 동생을 잃은 시누이의 감정을 알아차리는 데 3년, 사위를 잃은 친정 부모의 감정을 알아차리는 데 4년, 남편 친구들의 감정을 알아차리는 데 5년이 걸렸다고 말이다. 사별 직후 한동안은 자기 혼자 외롭게 지독한 악몽 속에 있다고 생각한다. 그 악몽이 어떤 악몽인지 알기 전에는 다른 사람의 입장이라는 것을 좀처럼 수용하기 힘든 것 같다.

고인의 죽음 이후 모든 관계들은 재편되어야만 한다. 모든 것이 그때 그대로일 수 없고 변화를 인정하고 적응해야 한다. 이전에 중요했던 관계가 더 이상 중요하지 않게 변할 수 있다. 때로는 이런 변화를 인정하는 것이 사별자에게 고인의 죽음만큼이나 큰 상실감을 주기도 한다. 그러나 희망적인 것은 예전에는 상상치도 못했던 새롭고 의미 있는 관계가 새롭게 생길 수도 있다는 것이다. 때론 이 관계가 사별자가 원했던 진짜일 수도 있다.

고인을 온전히 기억하는 것의 의미

애도는 고인을 잘 기억하는 일이다. 하지만 사별자에게 있어 기억은 양날의 검이다. 고인을 떠올리고 기억하는 것은 고통스럽지만 그럼에도 불구하고 계속 기억해야 한다.

> "우리 남편은 매일 제 얘기를 귀 기울여 들어줬어요. 그리고 아이들을 정말 사랑했습니다. 세상에 선한 영향력을 끼치려던 사람이었어요. 따뜻하고 여린 사람입니다. 그런 남편을 그렇게 사지로 내몬 사람들을 용서할 수 없어요."

남편을 자살로 잃고 8년 차가 되는 아내의 말이다. 그분은 남편을 30년 결혼 생활 동안 그녀를 한 번도 실망시킨 적 없었던 선하고 완벽했던 사람으로 기술했다. 이후 이어지는 상담에서도 비슷한 이야기가 계속됐다. 그분의 말씀이 맞는다면 고인은 성인이거나 천사였다.

"우리 아이는 키우면서 평생 속 한 번 썩인 적이 없어요. 밝고 명랑하고 붙임성이 얼마나 좋은지 몰라요. 그렇게 따뜻한 아이였는데 아직도 믿기지 않습니다. 결혼 후부터 달라졌어요. 사업 때문에 얼마나 힘든지 알면서 스트레스를 그렇게 주다니. 얼마나 괴롭혔으면 그런 선택을 했을까요?"

성인 자녀를 자살로 잃은 어머니의 말이다. 내 품에 있을 때는 건강하고 살갑던 아들이었는데 결혼 후부터 그렇게 착한 아이가 망가지기 시작했다는 말씀이다.

사별 직후 죽음의 이유를 찾는 과정에서 자신의 경험으로는 도무지 이해가 가지 않아, 가해자일 것 같은 사람을 찾아 원망하고 비난하고 싶은 마음이 드는 것, 그리고 그 순간 피해자인 고인은 흠결 없는 선한 사람이 되는 것은 지극히 자연스러운 애도 반응이다. 그러나 시간이 흘러도 사별자의 기억 속에 고인을 약점 하나 없는 좋은 사람으로만 박제해두려고 한다면 사별자의 애도는 나아가지 못한다.

(민) 엄마는 오빠에 대해 항상 좋은 기억만을 말씀하세요. 내 아들에 대해 좋게 말하고 좋은 것만 기억하고 싶은, 그렇게 하는 게 오빠의 명예를 지키는 것 같은 그런 느낌이요. 그런데 엄마가 하는 얘기를 들어보면 오빠는 엄마가 말하는 그런 좋은 면만 있는 사람은 아니었거든요. 물론 엄마가 당신의 아들로서 기억하는 모습과 제가 오빠를 기억하는 모습이 다를 수 있겠죠. 저는 오빠가 장점도 있었지만 측은지심이 들 정도로 좀 부족했던 모습도 있었고 항상 성실했던 것도 아니었고요. '고인을 어떤 사람이라고 기억하나요?'라고 질문하시면 저는 모르겠어요. 다만 마냥 좋은 사람으로 기억하고 싶지는 않아요. 저는 오히려 오빠를 잘 기억하기 위해 오빠에 대해 더 많이 알아야겠다는 생각을 했어요. 어떤 사람인지 알아야 제대로 기억할 테니까요.

(영) 처음 아빠 돌아가시고 일부러 아빠 생각을 전혀 안 하려고 하거나 한다면 좋은 기억만 떠올리려고 애썼어요. 제가 너무 힘들어서요. 그런데 여기서 아빠에 대해 자꾸 이야기하고 기억을 떠올려보니까 다른 것도 많이 생각났어요. 아빠가 엄마를 간병하느라 힘드셨던 것도 맞지만 제가 엄마를 입퇴원시키면서 엄마를 곁에서 지켜보니까, 아빠가 엄마를 대하는 방식이 항상 좋았던 것은 아니었어요. 엄마도 아빠 때문에 나름 상처를 많이 받으셨고요. 다른 분들 이야기를 들으면서 우리 가족이 겪었던 일들을 다시 생각해보게 돼요. 그렇게 생각하다 보니 아빠에게 미운 감정이 들어서 힘들기도 해요.

(선) 저도 동생이 떠난 직후 한동안 동생에 대해, 그리고 동생의 죽음에 대해 좋게 포장하려고 했었어요. 예술적이고 창의적인 아이였다. 좋은 동생이었다. 그런 식으로요. 그런데 시간이 지나고 동생의 여러 흔적들을 보는데 너무 낯선 거예요. 그래서 내가 너무 좋게, 미화해서 봤었구나 하는 생각이 들면서 괴리감이 느껴져서 당황했어요. 그래서

동생을 어떤 사람이었다라고 한마디로 규정하기보다는 동생은 이런 걸 좋아했었고, 저런 걸 좋아했었고, 마지막에 본 모습은 아팠고, 무기력했고, 힘들어했고, 그렇게 제가 아는 정보들을 있는 그대로 기술해서 기억하려고 해요. 그리고 우리 둘 사이에 있었던 소소한 기억들을 자꾸 떠올려 보려고 하고요.

원 동생을 아픈 나날 속에 있는 모습으로만 기억하면 안 되니까 좋은 얘기도 해보자, 어떤 아이였는지 생각해보자, 이런 쪽으로 많이 노력한 것 같아요. 어떻게 기억할지, 동생의 이야기를 어떻게 채워야 하는지 생각만 했었어요.

경 저희 언니는 자기가 어떻게 기억됐으면 좋겠는지 유서에 남기고 갔어요. 자기는 밝고 즐거운 사람이니까 그렇게 기억해달라고요. 그래서 저는 언니가 요청한 대로 기억해주려고 노력해요.

"죽은 자에 대해 좋은 말이 아니면 하지 마라(De

mortuis nihil nisi bonum)"라는 라틴어 표현이 있다. 나는 이러한 경구가 죽은 사람은 스스로를 변호할 수 없기 때문에 고인을 책망하는 행위를 하지 말라는 의미라고 이해한다. 하지만 이 경구는 때로 죽은 자를 신성시하며 고인에 대해 어떤 얘기도 할 수 없게 만드는 선을 만들기도 한다. 죽은 자는 말이 없고 그에 대해 말할 수 있는 사람은 남겨진 사람들뿐이다. 그리고 사별자는 고인의 인생에 대한 기억 '편집권'을 가지고 있다. 자기가 기억하고 싶은 대로 또는 자신이 감당할 수 있는 선에서 고인의 인생을 재구성하고 편집한다. 따라서 고인은 남겨진 사람의 의도에 따라 한평생 아름답게 살다간 훌륭한 사람으로, 때로는 천하의 몹쓸 사람으로도 편집될 수 있다. 하지만 과장된 찬사나 과장된 비난으로 고인의 삶을 기억하려는 것은 건강한 애도가 될 수 없다.

아버지의 자살 이후 3년 정도 흐른 뒤 상담에 찾아온 청년이 있었다. 아버지가 돌아가실 당시에 청소년이었던 그분에게 아버지는 나쁜 사람이 아니었다. 하지만 어머니는 '자기 편하자고 가족을 버린 나쁜 사람'으로 남편을 비난했다. 그 청년은 아버지 얘기만 나오면 불을 뿜듯 원망하는 어머니의 얘기가 듣기 싫어 한 번도 가족들과 아버지에 대해 얘기한 적이 없다고 했다. 청년은 아버지를 제대로 기억해드리고 싶어 상담에 왔다고 했다. 상담이 진행되면서 그분은 자신의 아버지로서뿐 아니라 남편으로서, 직장인으로서 아들로서의 아버지에 대해 이야기했다. 마냥 좋은 아버지라고 생각했던 아버지였지만 자신 역시 아버지에게 받은 상처가 있었음을 알게 되었고 아버지에 대해 원망만 한다고 생각했던 어머니가 아버지에게 보여줬던 헌신과 애정의 기억을 떠올리기도 했다. 제대로 고인을 기억하기 위해서는 누구의 눈치도 보지 않는 안전한 환경에서 떠난 사람의 삶을 다각도로 떠올려 보는 것, 그리고 그 관계의 이야기를 재평가할 수 있는 기회가 필요하다. 내가 선택적으로 망각하고 싶어 하는 그 지점이 어쩌면 사별자에게 가장 고통스럽지만 건강한 애도를 위해 반드시 수용해야 할 부분일 수도 있다.

"동생이 죽고 한동안은 극복하고 싶다, 나아지고 싶다는 생각이 너무 강렬했어요. 난 왜 이렇게 해내려고 하지, 왜 잘 하려고 하지. 어떤 선이 있어서 이 선을 넘으면 난 극복이야. 이쯤은 와줘야 해. 그런 강박이 조금 있었어요. 그런데 어느 시기가 되니까 이게 극복해야 할 문제인가 하는 생각이 들었어요."

'박탈된 애도'를 겪는 사람들

자살로 누군가를 잃었지만, 그 슬픔을 드러내지 못하는 관계 속의 사람들이 있다. 슬픔을 느끼고 표현하는 데 기준과 자격이 필요한 것처럼, 우리는 "가족도 아닌데 그렇게 슬퍼할 일인가?"라는 말을 쉽게 내뱉는다. 자살 사별에 있어서는 가까운 친구, 지인, 직장 동료 관계, 퀴어 집단의 파트너 관계, 유명인을 열렬히 좋아했던 팬들까지 법적 가족이 아니더라도 한 사람의 자살로 인해 심리적 충격을 받고 충분히 애도해야 할 필요가 있는 관계들이 있다. 그 폭은 우리가 생각하는 것보다 훨씬 넓다. 이들의 슬픔 역시 존중받고 충분한 애도의 시간을 보낼 수 있도록 위로와 지지를 받아야 함에도 우리 사회는 늘 외면해왔다. 그리고 이런 관계 속에 있는 자살 사별자 스스로도 슬픔을 느끼는 자신을 '비정상'이라고 생각하며 애도 과정을 생략하거나 적극적으로 회피하게끔 만든다. 이런 애도를 박탈된 애도(Disenfranchised Grief)라고 부른다.

파트너 관계에 있던 애인을 자살로 잃고 자조모임에 왔던 사별자들이 있었다. 그분들 중 몇몇은 테이블 위에 팔찌 중 주황색을 골라 팔목에 끼웠다. 그 색은 지인이나 친구를 자살로 잃은 분의 팔찌였다. 누구보다 고인을 깊게 사랑했던 관계였지만 이 모임에서조차 배우자, 파트너를 잃은 분들이 끼는 빨간색 팔찌를 선뜻 끼지 못했다. 리더의 권유로 그분은 모임 중간에 팔찌 색깔을 바꿨다. 고인을 잃은 아픔에 더해 드러내놓고 충분히 애도하지 못했을 그분의 시간들에 대해 참가자들은 모두 위로와 지지를 보냈다.

함께 오래 동거를 했던 파트너를 자살로 잃은 분은 고인의 장례 과정에서 어떤 것도 주장할 수 없었다. 가족들은 고인의 죽음을 단시간에 처리했고 유품은 고인의 뜻과 상관없이 대부분 처분됐다. 가족들 중 누구도 파트너의 존재를 인정하지 않았고 겨우 참석한 장례식장에서 '오버하지 말라'는 말을 들었다. 그분의 가족들은 친구가 죽은 일로 그렇게 길게 힘들어할 일이냐며 적당히 좀 하라는 핀잔을 했다. 이들은 모두 박탈된 애도 상태에 있는 분들이며 그렇지 않은 분들보다 애도 과정을 통과하는 데 더 힘든 시간을 보낼 수 있다.

박탈된 애도 경험을 하는 분들 중 좀 더 전문적인 애도 상담이 필요한 경우가 있다. 예를 들어 고인에 대해 가까운 가족들이 모르는 어떤 사실이나 정보, 비밀을 알고 있다거나 고인과 특별한 관계를 맺었기 때문에 사별자의 감정이 가족들만큼 또는 그보다 더 강력하다고 생각하지만 고인의 가족들을 비롯해 주변 사람들은 이에 대해 전혀 인식하지 못하거나 하지 않으려는 경우다. 또는 고인의 가족이나 다른 이들에게 사별자가 알고 있거나 의심하고 있는 것을 알리지 않은 것에 대해 비밀스러운 책임감을 가지고 있다거나, 자살에 어떤 식으로든 영향을 준 가족 구성원에 대한 정보를 알고 있으면서 이에 대해 분노의 감정을 가지고 있는 경우다. 이런 경우 슬픔과 애도를 보이는 가족 구성원을 보면서 '내가 알고 있는 것을 당신이 안다면, 당신은 그렇게 슬퍼하지 못할 거야'라고 생각한다. 그리고 고인의 가족을 원망하느라 실제 자신이 겪는 애도의 감정에는 충실하지 못한다. 또한, 고인의 가족들이 고인과 사별자의 관계를 인정하지 않거나 고인의 죽음에 대해 비난하고 책망하여 장례식이나 기타 관련 행사에 참석하지 않도록 막았던 경우가 그렇다. 이러한 상황에 놓인 자살 사별자가 있다면 혼자 애도의 파고를 통과하기 어렵다.

나는 한동안 그룹 샤이니가 부른 아이유의 〈이름에게〉라는 노래를 무한 반복을 걸어놓고 들었던 적이 있었다. 마지막 가사 '수없이 잃었던 춥고 모진 날 사이로, 조용히 잊혀진 네 이름을 알아, 멈추지 않을게, 몇 번이라도 외칠게, 믿을 수 없도록 멀어도, 가자 이 새벽이 끝나는 곳으로'에서는 매번 울컥한다. 샤이니가 부른 그 이름의 주인공의 부고가 떴을 때 그의 팬이건 그렇지 않건 그의 죽음으로 힘들어하는 사람들이 주변에 많았다. 상담실에 찾아온 몇몇 내담자들도 그의 죽음에 대해 이야기했다. 그의 죽음으로 인해 우울한 자신을 어쩔 줄 몰라 했다. 그의 대단한 팬도 아니었는데 죽음 이후 그의 마지막 행적을 추적하는 자신이 좀 이상하지 않느냐고 묻기도 했다. 나도 마찬가지였다. 마지막 라디오 방송을 찾아봤고, 공개된 유서를 보고 궁금증을 가졌고, 유서 속 문장 하나하나 곱씹어 읽어보았다. 오래된 예능 출연분을 보면서 도대체 언제부터 그가 죽음을 생각해왔을까 생각해보기도 했다. 전문가랍시고 그의 유서를 놓고 이러쿵저러쿵 멋대로 분석하는 전문가의 영상을 보고 분노와 혐오감에 빠지기도 했다. 그의 가족도 지인도 팬도 아니었던 내가 이렇게 그의 죽음에 영향을 받고 있었다. 유명인의 자살 사망은 유명인의 팬덤뿐 아니라 우리 사회 전체를 한동안 허무와 무력감, 우울감에 빠지게 만든다. 경이의 언니는 떠나기 직전 자살로 사망한 여배우에 대해 자세히 물었었다. 언니의 휴대폰에는 그녀의 사망에 대한 검색 기록이 남아 있었다.

유명 정치인이 사망했을 때 상담실로 한 통의 전화가 걸려왔다. 그분과 함께 일한 적이 있다던 그분은 정치인의 급작스러운 죽음 때문에 예전에 자살 사별 경험이 느닷없이 떠올라 힘들다고 하셨다. 이후 상담 예약을 잡았다 취소했다를 반복했고 결국 오지 않았다.

사적으로 깊은 친분은 없지만 유명인의 자살 사망은 모호하고 확산적으로 많은 사람에게 영향을 끼친다. 그리고 많은 연구에서 사회를 떠들썩하게 만들었던 죽음 두어 달 이후 자살률이 치솟는 패턴이 확인되었다. 유명인의 죽음은 그의 팬이었던 사람은 물론이거니와 지금 자살을 생각하고 있거나 혹은 자살을 생각하고 있지 않더라도 삶이 힘겨운 사람에게 하나의 선택지로서 자살이라는 것이 선명해진다. 그래서 우리는 더욱 성실히 애도해야 한다. 지금도 그러하듯 우리는 자살로 사망한 사람을 공적으로 어떻게 애도하고 추모해야 하는지 잘 알지 못한다. 자살자와 주변 사람들을 모독하기도 하고, 흠결 없는 고결한 사람이라고 추앙하기도 한다. 죽음은 누구에게나 공평하게 딱 한 번뿐이며 그래서 누구도 죽음을 경험한 적이 없기에 각자 자기 방식으로 그 죽음을 해석한다. 해석의 과정에서 고인의 것인지, 내 것인지 모를 서사가 덧입혀지곤 하는데 유명인의 자살은 더욱 그러한 것 같다. 긴 공백을 끝내고 다시 컴백하여 보여준 샤이니의 활동이 더욱 반가웠던 이유는 상처와 슬픔을 안고도 행복한 삶을 이어갈 수 있음을, 내가 신나고 행복하다는 것이 고인을 잊거나 지우는 것이 아니라는 것을 보여주는 것 같았기 때문이다. 이들은 샤이니의 팬뿐 아니라 수많은 자살 사별자들에게 희망과 위로를 주었다.

삶의 의미와 가치의 변화

외상적 사별을 경험한 사람들은 그들의 인생이 그 사람의 죽음 이전과 이후로 완전히 분리되는 경험을 하는데 이것은 B.C.(before the crisis)와 A.D.(after the death of someone you love)로 표현될 수 있을 정도다. 사별자의 인생에서 결코 지워질 수 없는 B.C.와 A.D. 사이의 그 선은 많은 것들을 바꾸어놓는다. 우리는 성장하면서 자신과 세상, 삶에 대한 여러 가지 생각과 가치들을 만들어간다. 나에게 중요한 것들, 의미를 두고 있는 것들, 중요하고 의미있는 것들을 위해 해야 한다고 생각하는 것들 말이다. 하지만 이해하기 힘들고 그래서 감당하기 어려웠던 고통을 동반한 삶의 사건을 경험한 사람들은 진실인 양 믿었던 생각들이 전복되면서 삶을 바라보는 시선이 완전히 달라지며 존재론적 위기를 경험하기도 한다. 이러한 위기의 경험은 자살이라는 사별 경험이 충격적일수록 더 크게 다가오는 것 같다.

"가족들을 위해 밤낮없이 열심히 일했습니다. 이런 일을 겪고 나니 그게 다 무슨 소용인가 싶네요."

직장에서 더 좋은 위치에 오르기 위해 무한 경쟁했던 한 아버지는 자식이 죽고 난 후 그동안 자신의 모든 삶이 부정당하는 느낌이 든다며 깊은 무력감에 빠졌다. 숨 쉬는 것 말고는 아무것도 하고 싶지 않다는 그분에게 삶의 가치와 의미를 새롭게 만들어가는 것은 중요한 애도 과업이 된다.

"선생님, 이제 저는 어떻게 살아가야 할까요?"라는 질문은 "이 고통이 언제쯤 끝날까요?" 다음으로 많이 듣는 질문이다. 남편과 사별 직후 '내가 왜 살아야 하는가?'에 대해 분투하시던 분이 계셨다. 그분은 레고 블록으로 정성스럽게 쌓아 올린 집이 있는데 갑자기 누군가가 발로 뻥 차서 조각조각 난 것 같은 기분이라고 말했다. 레고 설명서는 사라졌으니 도대체 어디서부터 블록을 다시 쌓아 올려야 하는지 모르겠다고, 도무지 엄두가 나지 않는다고 말이다. 부서진 조각들이 밟혀 아프고, 모두 쓸어 모아 버리고 싶은 마음들도 있었다. 온통 폐허가 된 듯한 삶을 피하지 않고 바라보는 일, 아마도 그것이 첫 번째 애도 과정이 될 것이다.

그리고 내가 무엇을 잃었는지 돌아보고, 잃은 것에 대한 온전한 슬픔을 겪고 표현해야 한다. 블록을 쌓아 올릴 때의 즐거움, 다 쌓고 완성된 집을 가지고 놀았던 경험들에 대한 안녕을 고한 후에는 하나둘씩 블록을 새롭게 쌓아야 한다. 예전과 다른 방향으로 대문과 창문이 생길 수 있고 어떤 것은 부서지기 전 집에서 그대로 옮겨와 자리를 잡게 만들 수도 있다. 꽤 오랜 시간이 흐른 뒤 그분을 다시 만날 기회가 있었고 그때 나는 레고 블록 비유에 대해 여쭤봤다. 그녀는 이제 기초공사를 막 끝낸 것 같다고 하셨다. 남편을 생각하면 여전히 슬프지만 아이들에게 기쁜 일이 생겼을 때 함께할 수 없는 남편에게 "그러게, 이 좋은 걸 함께하지 않고 왜 먼저 갔어. 억울하지?"라고 농담을 던질 정도의 여유도 생겼다고 말씀하셨다. 한결 편안해진 그분의 얼굴을 보니 나도 무척 기뻤다.

(민) 오빠가 죽은 그 순간 직감했어요. 내 삶이 이전과 같을 수 없다는 걸요. 저뿐만 아니라 우리 가족 모두 그런 것 같아요. 삶의 중심이 완전 가족 중심, 관계 중심으로 바뀌었어요. 그리고 소소한 일상의 소중함이 간절해졌어요. 오빠 죽음 전에는 저는 무척 독립적이고 혼자서 뭐 하는 거 좋아하고 독단적으로 판단하고 결정하고 그런 성격이었어요. 그런데 이제는 곁에 있는 소중한 사람을 꼭 지켜야겠다는 생각이 매우 강해졌어요. 아빠도 저랑 비슷하세요. 오빠가 간 직후부터 우리 밥은 같이 먹자, 얼굴을 자주 보자, 대화를 많이 나누자 이런 얘기를 정말 많이 하세요.

(선) 저도 가족들 사이가 동생 죽기 전보다 좀 더 끈끈해진

것도 있고. 저 개인적으로는 감정을 대하는 태도가 완전히 달라진 것 같아요. 동생 죽음 전에는 긍정적인 감정 상태가 제일 좋은 거라고만 생각했어요. 우울한 걸 잘 이해하지 못하고 우울한 상태를 어떻게든 고치려고, 교정하려고 생각했었어요. 모든 감정은 다 자연스럽고 날씨처럼 변할 수 있고 사람마다 다른 거구나. 그런 식으로 감정에 대해 옳고 그른 것을 따지지 않고 있는 그대로 보려고 하는 허용적인 마음이 생긴 것 같아요.

사랑하는 사람의 자살을 겪으면서 어떤 분들은 그들이 계속해서 삶을 이어가야 할 이유를 분명하게 깨닫기도 한다. 그 사람을 잃은 것에 고통을 느끼지만 남겨진 사람들은 죽지 않고 삶의 의미를 만들어가며 성장할 수 있다. 이 선택은 단순히 사별 이전의 적응 수준으로 회복하는 것이 아니라 이전과는 완전히 다른 수준에서의 질적인 변화를 가져온다. 우리는 이런 변화를 외상 후 성장(Post traumatic Growth)이라고 부른다. 외상 후 성장은 다양한 방식으로 나타날 수 있다. 어떤 사람은 삶은 유한하다는 생각에 현재 순간에 집중하며 자신이 원하는 것을 선택하는 데 있어 좀 더 자유로워질 수 있다. 때로 새로운 삶의 임무를 발견하고 헌신하는 분들도 있고 소중한 관계의 사람들에게 집중하며 사랑을 쏟는 분도 있다. 어떤 사람은 회피했던 자신의 문제를 해결하는 계기로 삼기도 한다. 마인드 피크닉 모임을 시작할 때쯤 원이는 "지금까지 제 인생에서 이렇게 평온한 적은 없었어요"라고 했다. 원이는 내가 만난 사람 중에 가장 격렬하게 애도했던 사람이다. 모든 것을 불살라 버릴 것 같은 강렬한 감정 속에 위태위태했던 적도 있었다. 그랬던 원이가 지금은 무척 자연스러워 보인다. 원이가 밟아온 그 시간들을 알기에 외상 후 성장이란 것이 쉽게 올 수 있는 것이 아님을 잘 안다. 그래서 애도를 '치열한 노동'이라고 하는지도 모르겠다.

다섯 번째 모임을 마치며

우리가 매일 고통과 상실을 마주해야 하는데 그것으로부터 영향을 받지 않을 거라고 기대하는 것은, 마치 물속에 들어갔는데 젖지 않을 거라고 기대하는 것만큼 비현실적인 일이라고 한다. 자살 사별자를 포함해서 우리는 상실을 겪은 후 아무것도 잃지 않은 척하거나 상실의 빈자리를 다른 것으로 메우려고 한다. 그리고 상실을 겪은 사람에게 그렇게 하도록 요구하기도 한다. 이 세상에 대체 가능한 존재란 없다. 이번 모임에서 우리는 고인을 기억하는 것을 중심으로 이야기를 나눴다. 죽음은 우리가 아는 세계에 찍힌 삶의 종지부이다. 고인의 시간은 여기서 끝났지만 사별자의 시간이 흐르는 한 고인과의 관계는 결코 끝날 수 없다. 우리가 한때 사랑했고 미워했던 사람들, 그 사람과의 관계를 통해 아프고 좋았던 경험들, 그리고 경험을 통해 우리가 인생에 대해 배운 것들에 대해 사별자는 계속 이야기를 만들어가야 한다. 그러다 보면 그 자리에서 사별자의 새로운 삶의 의미가 생길 것이다. 이런 면에서 볼 때 애도는 회복이 아니라 끊임없는 발견의 과정인지도 모르겠다.

> "비탄으로 우리는 천천히 스스로를 후벼낸다. 마치 바위가 거센 바람 속의 모래로 깎여 나가듯이, 우리가 이전의 우리를 충분히 내려놓을 때, 그리고 우리의 그 텅 빈 곳에서 성장할 때, 마침내 우리는 갈망의 끝을 발견할 것이고, 그리고 마침내 당신을 위한 방을 갖게 될 것이다." - 로버트 니마이어(Robert A. Neimeyer)○

○ 인지행동치료 스펙트럼 시리즈 《구성주의 심리치료》(학지사, 2020)의 저자이자 애도 상담가. 이 발췌 글은 그가 이 책의 서문에서 쓴 시 〈방〉의 일부이다. 로버트는 자신에게 큰 영향을 준 심리학자의 죽음을 추모하면서 이 시를 썼다.

6장

내 삶과 고인과의 건강한 연결

여섯 번째 애도의 밤

우리에게는 각자 만들어야 할 이야기가 있다

설 연휴를 지내고 2주 만에 다시 모였고 오늘이 마지막 모임이다. 지난 다섯 번의 모임을 통해 우리는 사별 직후 흔히 경험하는 일들에 대해, 그리고 애도 과정에서 꼭 생각해봐야 할 주제들에 대해 이야기를 나눴다. 누군가를 자살로 잃었다는 공통의 경험이 주는 안전감과 신뢰 속에서 평가에 대한 두려움을 내려놓고 생각과 마음을 나눌 수 있었다. 그리고 우리는 모두 깨달았다. 같은 경험을 했다고 생각했지만 조금씩 달랐고, 결국 우리는 각자가 만들어야 할 고유한 이야기가 있음을 말이다. 애도를 끝이 없는 여정이라고 한다면 우리의 모임은 애도 여행 중 게스트하우스에서 잠깐 만나 떠난 '작은 피크닉'이 아닐까 한다. 피크닉 후 누군가는 여행 방향을 수정하거나 꼭 들러야 할 새로운 스폿을 여행 계획에 포함시켰을 수도 있고, 누군가는 외로운 여행길에서 마음 맞는 동료를 만나 잠시 휴식을 취했을 수도 있다. 어떤 사람은 부르튼 발을 닦고 다시 신발을 조여 맬 용기를 얻었을 수도 있고, 누군가는 지나온 여행을 돌이켜 정리하는 시간을 가졌을 수도 있겠다.

몇 년 전 미국의 자살 예방을 위한 걷기 대회에 참석한 적이 있다. 참가자들은 누군가를 자살로 잃은 가족이거나 친구, 지인이거나 정신건강 관련 종사자들이었다. 참가자들은 작은 종이봉투에 고인의 이름이나 메시지, 그림을 그려 꾸몄고 행사장 한가득 종이봉투를 도미노처럼 세웠다. 누군가는 연단에 올라 마이크를 잡고 고인에 대해 이야기하기도 했다. 훌쩍이는 참가자를 안아주는 사람들도 있었고, 다른 참가자에게 고인에 대해 질문하는 사람들도 있었다. 그렇게 죽은 사람들은 살아 있는 우리 가운데서 되살아났다. 호숫가를 한 바퀴 돌고 나서 참가자들은 종이봉투를 물 위에 띄워 보냈다. 유달리 화창했던 날씨 탓인지, 흡사 축제같이 참가자들이 뿜어내는 분위기 때문인지는 잘 모르겠지만, 그 순간 나는 아주 포근하고 따뜻한 토닥임을 받는 듯한 느낌이었다. 그때의 경험은 내가 이후 자살 사별자들을 위한 건강한 단체를 만들겠노라 결심하는 계기가 됐다.

나는 무언가를 기념하는 의식을 좋아하지 않았었다. 입학식, 졸업식, 성년식, 결혼식, 장례식 등 인생의 중요한 시기의 길목에 있는 그런 의식은 형식적이고 귀찮은 어떤 것이었지 기꺼운 마음으로 그 시간에 참여한 적은 별로 없었다. 하지만 사별자를 만나고 상실에 대한 이슈에 대해 고민하는 시간이 많아지면서 생각이 달라졌다. 형식적이고 불필요하다고 생각했던 그 의식들은 모두 잘 기억하고 잘 떠나보내기 위함인 것이었다.

마지막 모임에서 우리는 간단한 추모의 의식을 함께하고 우리가 잃은 그 사람을 서로에게 소개하기로 했다. 참가자는 다섯 명이었지만 그들이 떠나보낸 다섯 명까지 어쩌면 우리는 열 명이 함께한 것일 수도 있다. 여섯 번의 만남 대부분 우리는 고인의 죽음 직전과 이후의 시간을 이야기했지만, 이제 각자의 길로 떠나는 이 순간, 우리는 고인의 삶을 함께 기억하는 의식을 함께하기로 했다.

유품을 보며 고인의 삶을 기억하기

민이는 오빠의 물건 중 캐릭터 인형을 커다란 쇼핑백에 담아 가져왔다. 회사에 두고 민이가 매일 사용하는 물건이기도 하다. 인형에 대해 누군가 물어보면 오빠의 유품이라고 말할 때도 있고, 쿠션처럼 쓰기도 하고 졸릴 때 안고 자기도 한다. 오빠가 죽고 나서 일주일 만에 민이 가족은 오빠 유품을 모두 정리했다. 가족들이 쓸 수 있는 것만 남겨두고 모두 버릴 때 민이는 오빠의 인형 몇 개를 가져왔다. 민이의 엄마는 오빠가 가장 듬직하고 밝았을 때 입었던 정장 한 벌을 남겨두셨다. 누구도 입을 수 없는 그 정장을 빼놓는 엄마를 보며 민이는 오빠의 가장 좋은 것을 기억해두려는 엄마의 마음이 느껴졌다고 했다. 우리는 민이의 인형을 한 번씩 만져보았다. 민이의 말처럼 보들보들한 촉감이 정말 좋았다. 민이는 인형 옷을 뒤집어 새로운 컬러의 인형을 만들어 보이며 인형의 다양한 모습을 자랑했다. 민이는 오빠가 가장 순수하게 행복해 보였을 때를 자기가 좋아하는 각종 캐릭터 덕질을 하던 때로 기억한다. 우리는 그때 오빠가 덕질했던 캐릭터에 대해, 덕질 수준에 대해 질문하면서 민이 오빠의 행복했던 한때에 대해 이야기 나눴다.

영이는 아빠가 가장 자주 입었던 낡은 플리스 재킷과 한 무더기의 사진을 가져왔다. 아빠가 한창 일하실 때 가장 자주 입던 옷이다. 너무 자주 입고 많이 빨아서 지퍼도 닳아 없어진 그 옷을 볼 때 아빠가 가장 많이 생각난다. 이제 옷에 벤 아빠의 체취는 사라졌지만 옷을 보면 아빠에게 났던 비누 냄새가 함께 떠오른다. 그리고 영이는 주섬주섬 수십 장의 사진 뭉치를 꺼냈다. 아빠의 증명사진을 비롯해 엄마, 아빠의 연애 시절 사진, 영이가 어렸을 때 가족여행에서 찍은 사진, 아빠와 엄마가 찍어준 동생과 자신의 어린 시절 사진들이다. 우리는 사진을 보면서 아빠와 엄마에 대해, 그리고 사진에 포착된 그 순간에 대해 구체적으로 질문했다. 그리고 사진에서 묻어나는 감정과 각자의 감상을 나눴다. 개구쟁이 같은 젊은 시절의 아빠 모습, 아빠에게 '보배'라고 불리며 예쁨을 받고 사랑을 받았던 그때 자신의 모습을 떠올리며 말하는 영이가 무척 즐거워 보였다. 영이는 아빠에 대해 좋은 것만 기억하려고 애썼지만 지난 모임들에서 죽음 직전 힘들어하던 아빠의 모습, 아빠가 엄마에게 보였던 태도에 대해 새로운 관점을 갖게 되면서 힘든 시간을 겪기도 했다. 지금 여기에서 아빠와 함께했던 영이와 영이 가족들의 시간에 대해 함께 나눈 경험이 앞으로 영이가 아빠에 대해 풍부한 이야기를 만들어가는 데 쓸모 있고 귀한 조각이 되길 바란다.

선이가 가져온 것은 동생의 사진과 동생이 직접 만든 목걸이다. 사진 속 선이의 동생은 선이와 많이 닮았고 어리고 예뻤다. 선이는 동생의 친구들과 종종 만난다. 알지 못했던 동생의 이야기를 듣기도 하고, 마치 동생처럼 그들 사이에서 역할을 하기도 한다. 그들은 선이에게서 친구와 비슷한 웃음과 말투를 발견하며 고인을 기억하고, 선이는 그들을 보며 동생을 생각한다. 선이는 동생의 친구들이 동생이 만든 거라며 착용하고 있는 다 녹슨 액세서리를 보여줄 때 고마운 마음이 들기도 했다. 동생이 만들어준 새로운 관계를 5년째 이어오면서 이제 그들은 선이의 친구가 되었다.

원이는 원이가 동생에게 선물로 줬던 책, 《니체의 말》(프리드리히 니체 지음)을 가지고 왔다. 동생에게 어떤 특별한 도움이 되길 바라고 사준 책은 아니었다. 동생을 잃고 동생 방에서 찾은 이 책에는 인덱스가 빼곡하게 붙어 있었다. 원이의 동생은 정말 열심히 이 책을 읽었다. 동생이 죽고 원이는 한동안 동생의 일기만 읽고 또 읽었는데 거기에도 이 책에 대한 내용이 있었다. 예전에는 책 한 권을 다 외웠었는데 지금은 기억나지 않는다고 괴로워하며 적은 글이었다. 동생은 무언가를 참아야 할 때 명언을 강박적으로 외웠었다. 자기 학대처럼 느껴졌던 명언 암기. 동생이 죽기 전에는 그조차도 할 수 없는 마음의 상태였을 거라고 원이는 추측한다. 이 책을 읽고 외우면서 표현하지 못하고 참았던 동생의 괴로운 시간들이 떠올라 원이는 마음이 무척 아팠다고 했다. 책에는 단 한 곳, 동생이 형광펜으로 칠해놓은 곳이 있는데 제목은 〈언젠가는 죽기〉이다. 내용은 이렇다. "죽는 것은 이미 정해진 일이기에 명랑하게 살아라. 언젠가는 끝날 것이기에 온 힘을 다해 맞서자. 시간은 한정되어 있기에 기회는 늘 지금이다"라는 문장 중 원이의 동생은 "언젠가는 끝날 것이기에 온 힘을 다해 맞서자"를 형광펜으로 칠해놓았다. 동생이 표시해놓은 구절을 통해 원이는 동생이 자신의 삶에 최선을 다해 살기 위해 애쓰고 애썼던 순간이 있었을 것으로 동생의 삶을 이해했다. 그리고 그 순간 동생의 삶에서 빛났던 순간의 기억이 떠올랐다. 그래서 《니체의 말》 속에 동생이 강조해둔 저 문장이 원이에게 위안을 주었다.

복직을 앞두고 바쁜 경이는 마지막 모임에 참석하지 못했다. 언니와 가장 오랜 시간을 함께 보냈던 미국 여행 사진을 가져오겠노라 했었는데 안타깝게도 우리는 경이의 언니를 만나지 못했다. 하지만 경이는 세 번째 모임에 언니의 작은 노트를 가져왔었다. 어린 시절 경이와 경이의 언니는 아버지의 일 때문에 자주 전학을 다녔다. 경이가 가져온 수첩은 언니가 친구들에게 질문을 하고 친구들이 답한 앙케트 같은 것이었다. 친구들이 경이의 언니에게 보내는 마지막 인사뿐 아니라 친구들의 장래희망, 좋아하는 노래 같은 것들이 적혀 있었다. 모임 전 우리는 이 노트를 보면서 그 시절의 가요에 대해, 농담들에 대해 한참을 얘기하고 깔깔댔다. 경이가 늘 말했던 것처럼 경이의 언니는 사람들을 아끼고 사랑하는 따뜻한 사람이었다.

나는 원이가 동생에게 선물로 줬던 책, 영이의 아버지가 즐겨 입었던 옷, 그리고 가족여행 사진들, 선이의 동생이 만들었던 액세서리, 오빠의 유품 중 민이가 가장 좋아하는 인형을 함께 모아놓고 사진을 찍었다. 물건과 함께 이 자리로 온 사람들이 우리와 함께했다. 떠난 사람을 서로에게 소개하고 그 사람을 우리 곁에 초대해 다시 기억하는 것이 "리멤버링(re-membering)"이며 애도는 리멤버링의 과정이다. 죽음이 삶의 일부이듯 세상은 묘지 위에 있고, 죽은 자는 산 자의 틈 속에서 영원히 살 수밖에 없다. 그러므로 애써 지우려 하지 말자.

고인을 추모하는 방법

: 글쓰기

자살 사별을 포함한 모든 외상적 경험에 대한 표현적 글쓰기나 일기 쓰기의 치료적 효과는 여러 연구에서 그 효과가 증명되었다. 원이와 개인 상담을 시작할 때 나는 원이에게 빨간색 페이즐리 문양이 프린트된 작은 일기장을 선물했고 원이는 동생과 부모와 자신에 대한 이야기로 그 일기장을 순식간에 채웠다. 상담 중 종종 원이와 그 일기를 함께 읽고 이야기 나누기도 했다. 애도 일기를 쓰기 시작했을 때 원이의 일기장 글씨체를 보면 원이가 폭발하는 생각과 감정들을 따라잡지 못해 허덕이는 것같이 느껴지기도 했다. 그 시간들을 보내고 나서야 원이는 정제되고 정제된 슬픔의 감정을 끌어올릴 수 있었다.

일기 쓰기와 함께 고인에게 편지 쓰기 역시 고인과의 연결을 회복하는 데 도움이 되는 방법이다. 사별자는 고인에게 편지를 쓸 수도 있고, 고인으로부터 편지를 받을 수도 있다. 고인과의 대화를 격려하는 기법은 고인과의 관계에 대한 심리적 복구를 이루는 데 유용하다. 사별자가 고인에게 편지를 쓰는 것(그리고 고인으로부터 편지를 받는 것), 애도자가 고인과 상상의 대화를 허용하는 것, 상담실 장면에서 고전적인 '빈 의자 대화'를 하는 것도 여기에 해당한다.

우리는 고인이 우리에게 보내는 편지를 쓰고, 다른 참가자가 그 편지를 소리 내 읽어주기로 했다. 고인의 입장이 되어 나에게 쓰는 편지는 결국 고인이 이랬으면 좋겠다라는 나의 간절한 바람일 것이다. 예전에 어떤 사별자분은 "결국 내가 듣고 싶은 말을 쓰는 것인데 그게 무슨 의미가 있나요?"라고 했다. 그러나 고인은 이제 아무 말도 우리에게 들려줄 수 없다. 그냥 우리의 바람과 소망에 의미를 붙여 그렇게 믿어야 하는 수밖에 없다. 사별자가 어떤 애도 과정에 있느냐에 따라 인위적일 수도 있는 이 과정이 사별자에게 어떤 위로를 주는 것은 확실하다.

선이가 원이의 동생이 되어 편지를 읽었다.

"원이 누나에게. 잘 지내고 있지? 내 생각 하지 말라고 한 건 거짓말이었어. 내 생각을 많이 해줬으면 좋겠어. 사람들이 나한테 나쁘게 한 것 말고, 내가 사랑받고 싶은 사람이었던 것, 내가 사랑하는 사람들이 있었던 것, 기억해주길 바라. 너는 내가 천방지축이었던 시기라고 생각하고 있겠지만, 나는 사실 나를 다듬고 발견하는 시간이기도 했어. 너도 잘 알고 있겠지만 나는 불안과 수치심이 많았는데, 그걸 해독하고 싶었나 봐. 너는 내 일기에서 수치심의 흔적을 발견하고는, 아주 예민하게 반응했지. 그걸 죽기 전에 들켰더라면 어땠을까. 우리는 어쩌면 그때에도 지금 같은 사이가 될 수 있었을까? 서로를 이해할 수 있었을까? 아니면 오직 이런 모습으로만 서로에게 영원히 보이고 싶지 않았을 것들을 알아채는 수밖에 없었을까. 너한테 너무 화가 나서 너를 모욕하는 말을 하며 가족 카톡방을 나가버린 날, 내 카톡 아이디를 숨김으로 바꿔놓은 날, 나는 내 말이 널 상처받게 하지 않았다는 사실을 알고 있었어. 어떻게 해도 내가 괴로운 만큼 널 괴롭게 만들 수 없을 것 같았어. 그래서 더 과격해졌던 거야. 서로를 더 안쓰러워했더라면 더 좋았을 텐데. 잘 지내겠지만 더 잘 지내. 그리고 나를 잘 기억해줘."

영이가 선이의 동생이 되어 편지를 읽었다.

"선이 언니에게. 안녕. 나야. 오랜만이지. 꿈에서 가끔 보거나, 메모리얼 파크에서, 집에 있는 사진에서, 그리고 항상 같이 있어. 내가 세상을 떠날 때, 가족이 어떨지는 많이 생각하지 못했어. 내 인생 생각하는 것만으로도 힘들었거든. 나를 사랑해주고, 기억해줘서 고마워. 엄마, 아빠, 언니, 그리고 동생, 친구들을 잘 부탁해. 건강하고 행복하게 지내기를 바라."

민이가 영이의 아빠가 되어 편지를 읽었다.

"영이야, 아빠다. 먼저 가서 미안하고, 걱정되는구나. 아빠는 먼저 떠났지만, 아빠 없이 씩씩하게 잘 지내길 바란다. 엄마 잘 모시고, 동생이랑도 사이좋게 지내라. 그때 해왔던 것처럼 앞으로도 잘 해낼 거라고 믿는다."

원이가 민이의 오빠가 되어 편지를 읽었다.

"민아, 잘 사냐? 난 잘 산다. 고생이 많다. 네가 나보다 더 나은 것 같다는 말이 맞았던 것 같다. 떠나기 며칠 전에 카톡으로 너의 헤어스타일이 30년 중 최악이라고 말했던 거 미안하다. 근데 진심이다. 그 뽀글뽀글한 머리보다 지금이 훨씬 낫다. 생각보다 일찍 떠나서 미안하다. 엄마, 아빠 잘 부탁한다. 잘 살아라. 오빠가."

편지를 쓰고 서로에게 읽어준 후 우리는 각자가 느낀 감정을 나눴다. 선이는 동생의 마음을 상상하며 나에게 편지를 쓴다는 것이 무척 어려웠다고 한다. '언니, 나 후회하지 않아'라고 쓰려고 했다가 진짜 동생이 그렇게 생각할까,

혹시 어딘가에 동생이 존재하고 있다면 이렇게 빨리 생을 마감했다는 걸 후회하고 있지 않을까 하는 생각이 들었다. 그래서 그렇게 쓰지 못했다. 원이도 선이의 말에 동의했다. '누나, 나 잘 지내'라고 써도 될까. 그래도 괜찮을까.

선이, 원이와 달리 민이는 '나는 잘 지낸다'라고 했다. 민이는 천국을 믿고, 오빠가 그곳에서 편안히 잘 지내고 있을 거라는 생각을 단 한 번도 의심해본 적이 없다고 했다. 그런 믿음 때문에 민이는 주저하지 않고 그렇게 쓸 수 있었다. 오히려 민이는 편지를 쓰며 오빠의 말투가 술술 나오는 자신에게 놀랐다. 민이는 오빠와 다른 사람이라고 생각했는데 무섭도록 비슷한 구석이 있구나, 오빠를 잘 알지 못한다고 생각했지만 이렇게 잘 아는 모습도 있구나 하고 느꼈다. 영이는 편지지를 받자마자 눈물을 흘렸다. 펜을 잡고 한동안 영이는 시간을 흘려보냈다. 영이의 편지를 읽은 민이는 '영이야!'라고 부르는 순간부터 눈물을 흘렸다. 긴 글을 쓰진 않았지만 영이에게 편지를 쓰며 확실히 알았다. 아빠가 정말 영이에게 미안해하고 있다는 것, 그리고 누구보다 영이가 잘 살아주길 바라고 있을 거라는 사실이다.

사별자들이 사별 직후 쓰는 글들은 온통 고통과 불행에 대한 글이지만 계속해서 글을 쓰면서 점차 자기의 고통을 바라볼 수 있고 그 의미를 조금씩 알아챌 수 있게 만든다. 자살 사별자의 애도에 도움이 되는 치료적 글쓰기는 그 순간의 감정에 몰입하여 홀로 써 내려가는 애도 일기와는 다르다. 자살 사별자를 위한 치료적 글쓰기에서는 애도 상담처럼 자살 사별자가 반드시 생각해봐야 하는 특정 주제에 관해 쓰도록 가이드한다. 예를 들면, 그날의 이야기로 시작해서 장례식장에서의 이야기, 고인의 죽음을 어떻게 이해하고 있는지, 사별 이후 변화한 것은 무엇인지 같은 것들이다. 즉, 여섯 번의 만남에서 우리가 함께 나눴던 이야기의 주제와 크게 다르지 않다. 치료적 글쓰기는 혼자여도 좋지만 그 글을 나눌 수 있는 누군가가 함께 있다면 더욱 좋다. 나의 글을 읽고 질문해주는 사람, 그때 내가 느꼈던 내 감정을 있는 그대로 받아줄 어떤 사람 말이다. 슬픔은 연결의 감정이다. 누군가를 잃은 그 자리에서 사별자는 다시 누군가와 단단하게 연결되어야 한다.

여섯 번의 만남을 마치고 우리는

(민) 저는 한 달 반 여러분과 만나는 동안 많이 울 수 있어서 좋았어요. 왜 그렇게 울지 않으려고 애를 썼는지 모르겠어요. 그리고 가족에 대해 특히, 아빠에 대해 생각할 수 있어서 좋았어요. 오빠의 죽음에 대해서는 늘 많이 생각했는데 한 번도 아빠의 애도에 대해 생각해본 적은 없었거든요. 아마 여러분들 가족 이야기를 들으면서 많이 자극받은 것 같아요. 사별이지만 헤쳐나가는 방식이 다 다를 수 있구나, 그걸 깨달았어요.

(영) 모임 시작 전 제 마음은 잔잔했어요. 그런데 모임을 시작하고 나서부터 이전에는 겪지 못한 감정의 기복이 막 생겼어요. 아마 여러분 얘기를 들으면서 기억하지 않으려고 했던 아빠의 모습이 떠올라 그랬던 것 같아요. 별안간 눈물도 많이 났고요. 그런데 이제는 편안해졌어요. 아빠가 이런 면도 있었고, 저런 면도 있었다는 걸 그대로 인정하려고 해요. 떠오르는 대로 기억하자, 피하지 말자, 그렇게요. 물론 완전히 괴롭지 않은 것은 아닌데 그래도 억지로 피하는 것보다는 나은 것 같아요. 말씀드렸듯이 저는 여기밖에 아빠 얘기를 할 곳이 없어요. 그것만으로도 좋았는데 다른 분들 얘기 듣는 것도 제겐 너무 큰 도움이 됐어요.

(선) 저는 매주 만나서 동생의 이야기를 한다는 것이 감정적으로 버겁긴 했어요. 잊고 있거나 희미해졌던 기억과 감정을 다시 불러오는 것이 무겁고 힘들어서 그랬던 것 같아요. 중간에 한 번 모임을 빠지고 다시 왔을 때 괜찮아졌어요. 그리고 이전과 다른 방식으로 동생을 기억하고 이야기하는 것이 좋았어요. 당사자만이 할 수 있고 그런 경험이

없는 사람과는 하기 힘든 아주 구체적인 얘기를 함께 나눌 수 있는 것도 좋았고요. 제 애도의 폭이 넓어진 느낌이에요.

원 저는 이 모임을 시작할 즈음이 제 인생에서 가장 평화롭고 충만한 시기였어요. 그래서 더 이 모임에 몰입할 수 있었고, 모임을 통해서 또 하나의 의미 있는 마무리를 한 것 같은 느낌이에요. 동생과 함께했던 우리 가족 각자가 가지고 있는 나름의 역사가 있다는 것도 이해하면서 저에 대한 미움을 약간 덜어낼 수 있었어요. 그래서 지금은 많이 가벼워요. 최근 일기를 쓰면서 처음으로 행복이라는 말을 썼어요, 그리고 제가 원래 제 자신을 싫어하고 미워하는 게 무척 많았는데 이제 저를 귀여워하기로 했어요. 이 변화가 저한테는 어마어마한 의미를 가지고 있어요. 사실 저도 이 모임을 시작하면서 이렇게 집중적으로 뭔가를 이야기하는 것이 제 안에 내가 모르는 어떤 것을 또 끌어올리게 될까 봐 솔직히 무서웠어요. 그런데 생각보다 더 깊은 얘기를 하면서 정리가 많이 됐고, 매주 여러분들의 다른 면들을 발견하는 것도 재밌고 좋았어요.

민 제가 이 모임을 하면서 깨달은 건 제 생각에 틀린 점도 있다는 사실이에요. 저는 오빠의 죽음의 원인에 대해 계속 생각했고 과로가 직접적인 원인이라고 생각했어요. 거기에 많이 얽매여 있었어요. 물론 오빠의 성격이나 어린 시절에 겪었던 어떤 상처라든가 그런 것도 영향을 끼쳤다고는 생각했지만 오빠를 자살로 몰고 간 것은 과로였다고 생각했어요. 그런데 이 모임에 참석하면서 제가 모르는 오빠의 삶에 많은 과정들이 있겠다는 생각을 했어요. 제가 모른다는 게 마치 막 열심히 했는데 난 역시 몰라 그런 자책의 생각은 아니에요. 내 생각이 다 맞지 않을 수도 있고 내가 모를 수도 있고 그렇다는 쪽이에요. 그리고 오빠의 죽음에 관해 뭔가를 막 조급하게 빨리 끝내지 않아도 괜찮다는 것도 달라진 점이에요. 무엇인가 명확하고 확고하게 내가 해내야 한다는 마음을 조금 내려놓은 것 같아요.

영이는 친구들에게 아빠에 대한 얘기를 시도해볼 수 있는 용기를 얻었다고 했고, 선이는 요가를 등록했다. 책을 읽고, 글을 쓰며 생각하는 대신 있는 그대로 몸으로 그 감각을 느끼며 감정을 좀 더 체험해보고 싶다고 했다. 민이는 오빠의 죽음을 이해하고 애도하는 것에 대해 추진 계획이 정해져 있는 프로젝트처럼 달려들었던 자신의 모습을 발견하고, 이제 힘을 좀 빼겠노라 한다. 민이는 느리게 천천히 나와 가족들을 돌아보며 가보기로 했다. 원이는 3년 전과 완전히 달라진 자신의 모습을 즐기고 있고, 지금 '행복하다'고 했다. 나는 자살 사별자들이 '나는 지금 행복하다'라고 말하는 것을 별로 들어보지 못했다. 꽤 오랜 기간 상담을 받으신 분들도, 10년 가까이 사별 기간을 훌쩍 넘기신 분들도 '나쁘지 않아요', '괜찮습니다', '감사할 따름이죠'라고는 해도 '행복'이라는 단어를 사용하지는 않는다. 사랑하는 사람을 잃고도 우리는 행복할 수 있다. 그 사람이 있다면 더 좋았을 것이라고 생각하면서 지금 이 순간에 경험하고 있는 기쁨과 즐거움을 만끽하며 행복할 수 있다. 경이, 원이, 민이, 선이, 영이가 행복했으면 좋겠다. 그리고 우리의 모임이 이들을 행복하게 만드는 데 계기가 됐으면, 하고 바란다.

"지금까지 저는 고인의 이야기를 저의 이야기로 만들려고 노력했던 것 같아요. 그게 애도라고 생각했는데, 최근에는 그 사람과 제가 같이 만드는 일기 같은 게 아닐까 그런 생각을 새롭게 해요."

애도, 전문적인 도움이 필요할 때는 언제일까?

우리는 마치 한 번도 경험하지 않을 것처럼 삶에서 죽음을 베일로 가려놓는다. 그러나 죽음이 사랑하는 사람을 앗아가고 나서야 삶과 죽음은 언제든지 열릴 수 있는 문 하나를 두고 있었음을 처절하게 깨닫는다. 모든 사별은 한동안 사별자를 슬프게 만들고 후회와 죄책감으로 번민하게 만들 수 있다. 산다는 게 무엇인지, 이전에는 한 번도 해보지 않았던 철학적인 질문을 자신에게 던지기도 한다. 모두가 정상적인 애도다. 물론 사별자와 생전 고인의 관계에 따라, 혹은 사별자의 심리, 정서적 상황에 따라 사별에 어떻게 대처하느냐는 조금씩 다르다. 그럼에도 불구하고 대부분의 사별자는 일정 기간 고통과 혼돈의 시간이 지나면 차츰 상실을 받아들이고 자기의 삶으로 돌아갈 수 있게 된다. 자기의 삶으로 돌아갈 수 있게 되는 것이 애도의 완전한 종결을 의미하는 것은 아니며, 사별 직후 애도의 강렬한 정도가 차츰 경감되어 일상을 지속할 수 있게끔 된다는 의미이다. 이것이 애도의 자연스러운 치유 과정이며 따라서 모든 사별에 전문적인 애도 치료가 꼭 필요한 것은 아니다. 고인을 애도할 만한 충분한 시간과 휴식, 사별자 주변의 좋은 사람들의 위로와 지지만으로 충분하다.

그러나 어떤 경우에는 사별 직후의 강렬한 애도 반응이 지속되면서 일상생활의 기능을 유지하는 데 어려움이 생기도 한다. 이런 상태를 복잡성 애도(complicated grief), 병리적인 애도(pathologic grief), 비정상적 애도(abnormal grief), 비전형적인 애도(atypical grief), 지속적 애도(prolonged grief), 외상성 애도(traumatic grief)와 같이 다양한 이름으로 부른다. 용어가 어떻든 중요한 것은 이런 애도 상태를 보이는 사별자들에게는 상실에 초점을 맞춘 전문적인 치료적 개입이 필요하다는 사실이다. 복잡성 애도 상태의 사별자는 죽은 자에 대한 간절한 생각과 함께 강렬한 비통함이 지속되며 사망 장면이 반복적이고 침습적으로 떠오르기도 하고 상실을 생각나게 하는 것에 대해 회피하거나 집착하기도 한다. 이로 인한 괴로움이 직업과 건강, 사회적 기능에 상당한 손상을 초래하는 경험을 하기도 한다. (부록: 복합 애도장애의 진단 기준, 복합 애도 척도 참고)

복잡애도 상태이든 그렇지 않든 우리는 애도에 충분한 시간을 할애하지 않을 뿐 아니라 잘 애도한다는 것이 무엇인지 잘 알지 못한다. 일반 사별과 달리 자살과 같은 외상적 사별 경험은 어쩌면 마음에 일어난 정서적 사고일 수도 있다. 큰 교통사고를 당했다면 사고 이후 충분한 회복 기간이 필요하며 혹시나 장애가 생겼다면 기능을 회복하기 위해 재활 치료를 받듯이 전문가의 손을 잡고 함께 그 시간을 통과해나가는 것이 도움될 수 있다. 특히, 사별의 고통을 경감시키거나 통제하려는 목적의 약물 복용이 증가하거나 시간이 지나면 지날수록 절망, 우울감, 자살 충동이 증가하는 경우, 고인의 죽음 장면이 반복적으로 떠올라

심리적 고통이 증가하거나 고인이나 고인의 죽음을 연상시키는 것들에 대해 적극적으로 회피하면서 일상생활의 중요한 기능을 유지하는 게 어려운 경우, 그리고 고인의 죽음을 끊임없이 부정하는 경우에는 반드시 전문가를 만나야 한다. 이런 분들일수록 혼자서 그 고통을 헤쳐 나오기 더욱 힘들다.

애도 상담의 핵심은 사별자가 느끼는 깊은 정서적 고통에도 불구하고 고통을 재빨리 해결하거나 최소화하거나 달아나지 않도록 하면서 정서적으로 현존하며 머무를 수 있도록 돕는 데 있다. 만일 사별자가 애도 상담을 통해 자신이 겪고 있는 고통을 사라지게 만들기를 기대한다면 그것은 할 수 없다. 그리고 상담을 통해 죽음에 관한 모든 '왜'에 대한 답을 얻기, 시간을 되돌리기, 죽음 직전에 있었던 모든 문제를 해결하기 등등을 원한다면 그것 역시 애도 상담에서 할 수 없는 일이다. 그러나 상실을 통해 자신이 누구이고, 무엇이 나를 고통스럽게 하는지를 이야기하고 완전히 변해버린 삶에 새롭게 적응하는 것, 의미를 발견해야 하는 고뇌의 시간을 함께 나눌 사람이 필요하다면 그것은 애도 상담에서 할 수 있는 일이다.

나는 여러 사별자를 만나면서 종국에 애도자가 달성해야 하는 것은 사별자 자신과 고인에 대한 용서라는 생각이 들었다. 용서를 이야기하는 것은 매우 조심스럽다. 어떤 사별자들은 사랑하는 사람을 지키지 못한 자신을 결코 용서해서는 안 된다고 생각하는 것 같다. 그 일에 대해 스스로를 가혹하게 처벌하고 죽음의 부당함에 대해 몸부림치며 자신의 삶을 이어가는 것이 고인을 제대로 기억하는 것이라 생각한다. 고통을 통해서만 고인과 연결된다고 느낀다면, 그렇게 해야만 된다고 생각한다면, 그것은 고인을 애도하는 것이 아닌 자신에 대한 연민일 수 있다. 때로 그런 분들은 고인의 삶과 죽음을 온전히 바라보기 두려운, 차마 말할 수 없는 어떤 비밀을 간직하고 있는 경우도 있다. 기억은 더 이상 존재하지 않는 사람의 시간을 돌아보는 것, 그 이상의 것이다. 누군가를 잃고 자신의 삶을 고통에 머무르게 하는 것보다 용서를 선택하는 게 더 큰 용기가 필요한 일이다. 용서는 나와 고인에 대해 분노를 담지 않도록 선택하는 일, 원망과 자책을 멈추고 어쩔 수 없음을 받아들이는 일이다. 그러기 위해서는 우선 있는 그대로 사별의 고통에 직면하는 것이 선행되어야 한다. 이 과정에 완전히 도달하기란 매우 힘들다. 혼자라면 더더욱 그렇다. 그래서 우리는 서로가 필요한지도 모르겠다. 고인의 삶의 끝에서 시작된 이야기는 죽음을 넘어 고인의 전반적인 삶으로 확대되어야 한다. 그러기 위해서는 좀 더 특별한 노력이 필요하다. 자살 사별자를 자살 생존자라고도 하는데 생존자는 그저 살아남은 사람이 아니다. 생존자는 고통을 딛고 그 자리에서부터 다시 자기의 삶을 사랑할 수 있는 사람이다.

끝으로 나는 다음의 글을 소개하고 싶다. 아들을 자살로 잃고 난 후 자살 사별자를 위한 단체를 설립하여 활동하고 있는 아이리스 볼튼(Iris M. Bolton)의 책에서 발췌한 글이다. 25개의 조언 어느 하나 중요하지 않은 것이 없다. 우리 모두 생존하는 것을 너머 함께 오늘을 행복하게 살 수 있길 소망한다.

자살 생존자들을 위한 조언

1. 당신은 살아남을 수 있습니다. 안 될 것 같아도, 할 수 있습니다.
2. '왜' 그 일이 일어났는지를 두고 씨름하세요. 더는 그 이유를 알지 않아도 될 때까지, 혹은 부분적인 답으로도 만족스러울 때까지요.
3. 강렬한 감정들로 버거워지는 시간이 있을 수도 있습니다. 그러나 당신이 느끼는 모든 감정은 정상입니다.
4. 분노, 죄책감, 혼란, 건망증도 평범한 반응입니다. 당신은 미친 것이 아니라 애도하고 있는 것입니다.
5. 고인, 세상, 신, 그리고 자신에게도 분노를 느낄 수 있다는 사실을 알아두세요. 이를 표현해도 괜찮습니다.
6. 당신은 어떤 일을 했거나 하지 못했던 것에 대해 죄책감을 느낄 수 있습니다. 죄책감은 용서를 통해 후회로 바뀔 수 있습니다.
7. 자살 생각을 하는 것은 흔히 있는 일입니다. 그렇다고 해서 당신이 행동에 옮긴다는 뜻은 아닙니다.

8. 한 번에 한 순간씩, 하루씩 넘기며 살아가세요.
9. 당신의 이야기를 경청해줄 사람을 찾으세요. 이야기하고 싶다면 누군가를 불러보세요.
10. 우는 것을 두려워하지 마세요. 눈물은 치유입니다.
11. 자신에게 치유의 시간을 주세요.
12. 선택은 당신의 것이 아니었다는 사실을 기억하세요. 누구도 다른 사람의 인생에 영향을 미치는 절대적이고 유일한 존재일 수 없습니다.
13. 도중에 좌절 또한 찾아올 것입니다. 감정이 밀물과 같이 들이닥친다면, 당신은 슬픔의 잔여물을 경험하고 있는 것입니다.
14. 중요한 결정은 미루세요.
15. 전문가의 도움을 받을 수 있도록 스스로 허락하세요.
16. 당신의 가족과 친구들이 경험하는 고통을 알아차리세요.
17. 당신 자신과 당신을 이해하지 못하는 사람들 모두에게 인내심을 가지세요.
18. 자신의 한계를 정하고 'No'라고 말하는 법을 배우세요.
19. 당신이 무엇을, 어떻게 느껴야 하는지를 말하고 싶어

하는 사람들을 멀리하세요.

20. 당신을 도와줄 수 있는 지지 집단이 있다는 사실을 기억하세요. 만약 찾기가 어렵다면 전문가에게 집단을 시작해달라고 요청하세요.
21. 당신의 (종교적) 믿음에 의지하세요.
22. 슬픔으로 인한 신체적 반응을 경험하는 것은 흔히 있는 일입니다. 예) 두통, 입맛 없음, 불면.
23. 다른 사람들과 함께 웃거나 자신을 웃음의 소재로 삼는 것도 치유입니다.
24. 당신이 가진 질문, 분노, 죄책감, 그리고 다른 모든 감정을 보내줄 수 있을 때까지 닳도록 곱씹고 또 곱씹어도 됩니다. 감정을 보내주는 것은 고인을 잊는 것이 아닙니다.
25. 당신은 절대 과거와 같은 모습이 될 수 없다는 걸 알아야 합니다. 그러나 당신은 살아남을 것이고, 그저 생존하는 것 너머에 도달할 수도 있습니다.

- 아이리스 볼튼, 《자살과 그 이후(Suicide and its Aftermath)》(국내 미번역)에서 발췌함. 메리골드 장윤원 번역

에필로그

고인의 이야기 상자를 열어 미뤄왔던 애도를 시작할 수 있기를…

심리치료자로서 할 수 있는 여러 상담 중에 왜 죽음이냐, 그것도 왜 자살 사별자냐고 많은 사람들이 묻는다. 추측건대 사람들은 자살 예방이나 자살 유가족 상담이라는 분야가 치료자 자신이 자해, 자살 시도의 경험이 있다거나 혹은 가까운 사람을 자살로 잃은 특별한 사연이 없으면 좀처럼 하기 힘든 어떤 것으로 생각하는 것 같다. 대단한 서사를 기대하는 눈빛을 보고 있노라면 뭐라도 만들어내야 할 것 같은 느낌마저 들 때가 있다. 그때마다 나의 대답은 무미건조하다. '저는 처음 중앙심리부검센터에서 일을 하

면서…'

한 사람의 목숨이라도 살리겠다는 대단한 소명이 있었던 것도 아니었다. 그저 우연히 찾아온 기회를 잡아 열심히 일을 했을 뿐이다. 심지어 많은 사람들이 평생 한두 번쯤 해본다는 '죽고 싶다'라는 생각도 별로 해본 적이 없다. 오히려 나를 괴롭게 만드는 사람들이 없어져버렸으면 하고 바랐던 쪽에 더 가깝다. 고백하건대 내가 겪었던 자살사별자로서의 경험은 평생 한두 번 봤을까 말까 한 먼 친척의 죽음이며 그마저도 자살인지 아닌지 확실치 않았다. 심리적 충격으로 치자면 한때 흠모했던 배우의 죽음이 훨씬 더 컸다. 내담자들도 묻는다. '이런 얘기 들으면 힘들지 않으세요?' 질문을 듣고 나서야 나의 힘듦을 생각한다.

운전을 하다가 저 멀리서 들려오는 구급차나 사이렌 소리에 가슴이 덜컹 내려앉는다. 구급차 뒤에 비상등을 켜고 정신없이 따라붙는 차를 볼 때 갑자기 눈물이 핑 돌기도 한다. 사별자로부터 들었던 그 상황이 지금 내 눈앞에 펼쳐지고 있고, 그 순간 나는 그분들의 마음이 된다. 녹색어머니를 서다가 올망졸망한 두 딸을 양손에 잡고 아이들의 가방을 어깨에 걸쳐 메고 서둘러 길을 건너는 아빠의 모습을 볼 때도 눈물이 핑 돈다. 아이를 자살로 떠난보낸 그분도 그 시절 저렇게 키웠을 테지. 기억할 수 없는 어떤 시절에 우리는 모두 극진한 사랑을 받았었고 부모는 나름의 안간힘을 쓰고 노력을 했구나 하는 생각이 들면 다시 뭉게뭉게 알 수 없는 감정이 올라올 때가 있다. 그리고 내 주변의 모든 사물들이 죽으려고 마음을 먹은 사람에게는 모두 숨을 끊게 만드는 것이 될 수 있다는 생각이 들 때 마음이 아프다. 그게 나의 힘듦이다. 그리고 이 글을 쓰면서 또 다른 힘듦을 느꼈다. 머리카락을 쥐어뜯고 한숨을 쉬며 썼다 말았다 했던 긴긴 시간이 있었다. 모임에 참여해서 자신의 이야기를 기꺼이 나눠준 다섯 명의 참가자들과 그동안 내가 만났던 사별자들, 그리고 내가 만나지 않았지만 책을 읽게 될 자살 사별자들이 내가 뱉어내는 문장 하나하나를 지켜보고 있는 것 같았다. 이들의 경험과 애도 과정을 부풀리거나 왜곡하지도, 고통만을 전시하지도 않으며 이야기를 제대로 정확하게 전달해야 한다는 압박감이 있었다. 이 글에서 나는 치유자가 아니라 르포르타주 작가이고 싶었다.

사별자의 손을 잡고 눈물을 흘리며 '얼마나 힘드세요?' 라고 말하는 것은 어렵지 않다. 내가 바라는 것은 얼마나 힘드세요라고 말하는 사람이 자살 사별자가 겪는 경험이 무엇인지, 그 깊이와 폭은 얼마만큼인지 제대로 알고 눈물을 흘렸으면 하는 것이다. 이 기록이 자살 사별자 주변의 많은 사람들이 정확한 위로와 공감을 전할 수 있도록 하는 데 도움이 되길 바란다. 사랑하는 사람을 자살로 잃은 사별자들은 이 책에서 나눈 우리의 이야기에 참여해서 함께하며, 꾹꾹 눌러 담아놓은 고인의 이야기 상자를 열어 회피하거나 미뤄왔던 애도를 시작할 수 있는 계기가 되었으면 좋겠다. 그래서 잃은 것을 아파하느라 다시 또 많은 것들로부터 멀어지지 않길 바란다. 그렇게 될 수만 있다면 내가 지나온 긴긴 고뇌의 시간에 대한 의미 있는 보상이 될 것 같다.

글을 쓰는 동안 [자살 사별자 곁에 피어난 꽃, 메리골드]라는 단체를 만들었다. 이 책은 더 많은 자살 사별자들을 연결되게 만드는 주춧돌이 될 것이다. 끝으로 모임 참여자 원이, 경이, 민이, 선이, 영이 님의 애도 여정에 우리가 함께 보낸 겨울과 봄 사이의 시간이 특별한 기억으로 남길 바란다. 이분들의 이야기가 없었다면 이 책은 시작될 수 없었다. 그리고 메리골드와 함께하는 당사자 활동가 심명빈 님, 장윤원 님, 그리고 외롭지 않게 늘 모든 것을 함께해 주는 나의 동료 임상심리전문가 김소연 선생께 말로 다 표현할 수 없는 감사를 전하고 싶다. 여러분들 덕분에 행동할 수 있었습니다. 고맙습니다.

자살 사별자 권리장전

- 나는 죄책감으로부터 자유로워질 권리가 있다.
- 나는 자살로 인한 죽음에 대하여 책임감을 느끼지 않을 권리가 있다.
- 나는 내 느낌과 감정을 남이 받아들이기 힘들어할지라도 다른 사람들의 권리를 침해하지만 않는다면 이를 표현할 권리가 있다.
- 나는 내 질문에 대하여 권위자나 다른 가족들로부터 정직한 대답을 들을 권리가 있다.
- 나는 다른 사람들이 나의 슬픔을 덜어줄 수 있을 것이라고 생각하는 것에 속지 않을 권리가 있다.
- 나는 희망감을 유지할 권리가 있다.
- 나는 평화와 존엄성을 유지할 권리가 있다.
- 나는 자살로 떠난 사람에 대하여 그가 죽기 직전 또는 죽을

당시에 상황과 관계없이 좋은 감정을 가질 권리가 있다.

- 나는 나의 독자적인 인격을 유지하고 자살로 인해 판단되지 않을 권리가 있다.
- 나는 내 감정을 있는 그대로 살펴보고 수용하는 단계로 갈 수 있도록 나를 도와줄 상담자와 지원 그룹을 찾을 권리가 있다.
- 나는 새로운 시작을 할 권리가 있다. 나는 살 권리가 있다.

- 제프리 잭슨(Jeffrey Jackson), 《SOS: 자살로 사랑하는 사람들을 잃은 이들을 위한 책》(비매품)에서 발췌.

자살 경고신호 분류

언어

1. 자살이나 살인, 죽음에 대한 말을 자주 한다.
2. 신체적 불편함을 호소한다.
3. 자기비하적인 말을 한다.
4. 자살하는 방법에 대해 질문한다.
5. 사후세계를 동경하는 말을 한다.
6. 자살한 사람들에 관한 이야기를 꺼낸다.
7. 편지, 수양록, 노트 등에 죽음과 관련된 내용을 적는다.

행동

8. 수면 상태의 변화: 평소보다 너무 많이 자거나 너무 적게 잔다. 잠들기 어려워하거나 잠이 들고 난 후에도 자주 뒤척이고 너무 일찍 잠에서 깬다.
9. 식사 상태의 변화: 평소보다 덜 먹거나 더 많이 먹는다. 다이어트를 하거나 신체적 질환이 있는 것도 아닌데 체중이 감소하거나 증가한다.

10. 주변을 정리한다.

11. 자신의 자살에 대한 계획을 세운다.

12. 평소와 다른 기괴하거나 비일상적인 행동: 위험하고 무모한 방식의 운전 등을 한다.

13. 집중력 저하 및 사소한 일에 대한 결정의 어려움: 이로 인한 수행 저하가 발생한다.

14. 외모 관리에 대해 무관심하다.

15. 자해 행동이나 물질 남용을 보인다.

16. 죽음과 관련된 음악, 시, 영화 등에 과도하게 몰입한다.

17. 어긋났던 인간관계를 갑자기 개선하려고 노력하거나(예전에 잘못했던 일에 대해 용서를 구하는 등) 신변 정리를 한다.

18. 평소 소중히 여기던 물건을 다른 사람에게 준다.

정서

19. 감정 상태의 변화: 죄책감, 수치감, 외로움, 평소보다 화를 잘 내거나 짜증을 낸다. 멍한 모습을 보인다. 절망감, 무기력감, 스스로를 무가치하게 여긴다.

20. 무기력, 대인 기피, 흥미 상실: 평소에 기쁨을 느끼던 활동을 더 이상 즐기지 않거나 타인과의 관계를 피한다.

복합 애도장애(Persistent Complex Bereavement Disorder)

A. **개인은 친밀한 관계에 있던 사람의 죽음을 경험한다.**

B. **죽음 이후, 다음 증상 중 적어도 1개 이상을 임상적으로 현저한 수준으로 경험하는 날이 그렇지 않은 날보다 더 많고, 성인의 경우 적어도 증상이 12개월 이상, 아동의 경우 6개월 이상 지속된다.**

1. 죽은 사람에 대한 지속적인 갈망/그리움
2. 죽음에 대한 반응으로서의 강렬한 슬픔과 정서적 고통
3. 죽은 사람에 대한 집착
4. 죽음을 둘러싼 상황에 대한 집착

C. **다음 증상 중 적어도 6개 이상이 임상적으로 현저한 수준**

[죽음에 대한 반응적 고통]

1. 죽음을 받아들이는 것의 현저한 어려움

2. 죽음에 대해 믿지 않거나 정서적 마비를 경험함
3. 죽은 사람을 긍정적으로 추억하지 못함
4. 죽음과 관련된 비통함 또는 분노를 느낌
5. 죽은 사람 또는 죽음과 관련해 자신에 대한 부적응적 평가를 내림
6. 죽음을 상기시키는 것들에 대해 과도한 회피를 보임

[사회적·정체성 붕괴]

7. 죽은 사람과 함께하기 위해 죽고자 하는 소망
8. 죽음 이후 타인을 신뢰하는 데 어려움을 겪음
9. 죽음 이후 혼자라고 느끼거나 타인들로부터 분리된다고 느낌
10. 죽은 사람 없이는 인생이 무의미하거나 공허하다고 느낌, 또는 죽은 사람 없이는 자신이 적응적으로 기능할 수 없다고 믿음
11. 인생에서 자신의 역할에 대한 혼란, 또는 자신의 정체성에 대해 감소된 느낌(예: 자신의 일부가 죽은 사람과 함께 죽어버렸다고 느끼는 것)

12. 죽음 이후 흥미를 추구하거나 미래를 위한 계획을 세우는 것이 어렵게 느껴지고 꺼려짐(예: 교우관계, 일상활동)

D. **장애가 사회적, 직업적, 또는 다른 중요한 기능 영역에서 임상적으로 현저한 고통이나 손상을 초래한다.**

E. **애도 반응이 문화적, 종교적 또는 연령에 따른 기대 수준에 부합하지 않거나 과도하다.**

다음의 경우 명시할 것:

외상성 사별의 경우: 살인 또는 자살로 인한 사별로, 죽음의 외상성 성질에 대한 지속적인 고통스러운 집착을 동반한다(흔히 죽음을 상기시키는 것들에 대한 반응으로 발생함). **이러한 외상성 특성에는 죽은 사람의 마지막 순간, 고통과 상해의 정도, 또는 죽음의 악의성이나 의도성이 포함될 수 있다.**

- American Psychiatric Association. (2015). 정신질환의 진단 및 통계 편람 제5판.

여섯 밤의 애도

초판 1쇄 발행 2021년 11월 20일
초판 2쇄 발행 2023년 12월 15일

지은이 고선규
펴낸이 이상훈
편집2팀 원아연
마케팅 김한성 조재성 박신영 김효진 김애린 오민정

펴낸곳 (주)한겨레엔 www.hanibook.co.kr
등록 2006년 1월 4일 제313-2006-00003호
주소 서울시 마포구 창전로 70 (신수동) 화수목빌딩 5층
전화 02) 6383-1602~1603 **팩스** 02) 6383-1610

대표메일 book@hanien.co.kr
ISBN 979-11-6040-680-1 03180